40

"DU BARTAS ET L'EXPÉRIENCE
DE LA BEAUTÉ
– LA SEPMAINE (Jours I, IV, VII)"

Dans la même collection:

suite en fin de volume

"DU BARTAS ET L'EXPÉRIENCE DE LA BEAUTÉ – LA SEPMAINE (Jours I, IV, VII)"

Etudes réunies par James Dauphiné

avec la collaboration de
Marie-Luce Demonet
Claude-Gilbert Dubois
Marie-Madeleine Fragonard
Alain Michel
Isabelle Pantin
Josiane Rieu
François Roudaut

Librairie Honoré Champion, Editeur
7, quai Malaquais
PARIS
1993

ISBN 2-85203-710-6   ISSN 0755-2513

AVANT-PROPOS

Du Bartas qui fut en son temps qualifié de "nouvel Orphée" occupe une place particulière au sein de l'histoire littéraire. Ce poète célébré "pour l'intention et fins de sa Muse doctissime et chrestienne"[1] a cependant visiblement surpris, voire dérangé ses contemporains et continue d'intriguer parce qu'il semble échapper aux critères et qualités habituellement attachés à la renommée littéraire. On peut ne pas être sensible à sa veine, mais on ne saurait l'éviter: son dessein et son œuvre perdurent, mieux font naître un singulier intérêt dont rendent compte les travaux récents que la communauté critique et scientifique lui a accordés. *La Sepmaine* au "suget esleu et choisi en perfection[2] est un fascinant poème parce que s'y trouvent posées les questions importantes de l'encyclopédisme et de la poétique scientifique à la fin du XVIème siècle. Mais — et l'ensemble des études rassemblées au sein de ce livre le prouve — il y a aussi avec cette œuvre une approche et interrogation de la beauté. C'est pour cela que *La Sepmaine* qui témoigne "de la grandeur de Dieu et de la connaissance qu'on peut avoir

---

[1] *La Sepmaine (...) illustree des commentaires de P. Thevenin*, Paris, H. de Marnef et veuve Cavellat, 1585, p. 436 (Arsenal 4° BL 2921).

[2] *La Sepmaine (...)*, éd. citée, p. 436.

de Lui par ses œuvres"[3] mérite plus qu'un détour... La postérité, on le sait, a été injuste avec Du Bartas; il est donc souhaitable qu'il récupère la place qu'il n'aurait jamais dû perdre. Et c'est pourquoi la présence de *La Sepmaine* au programme de l'agrégation est une preuve de sa légitime réhabilitation.

*

Les poètes de la Renaissance n'ont en rien négligé l'idée et l'élaboration de l'œuvre à accomplir. Du Bartas, et ce dès ses premiers essais, savait ce qu'il désirait et précisait ce que signifiait à ses yeux poésie et fonction du poète. Quitte à lasser il convient de rappeler que *La Création du Monde* est un "bel édifice"[4] contenant à la fois une "profondité de sens"[5] exigée par la nature même du sujet et une parole poétique "charme-souci"[6] susceptible d'émouvoir autant que de séduire. Renonçant aux illusions et tentations de la poésie profane[7], le "divin gascon" opte pour une poésie savante et religieuse, sacralisante et spirituelle. Et ce n'est pas un hasard si maints passages de "*L'Uranie*" annoncent l'esprit et le

---

[3] Titre de l'ouvrage de Duval maintes fois réimprimé dans la deuxième moitié du XVIᵉᵐᵉ siècle.

[4] Comparaison développée par Du Bartas: "Brief Advertissement..." dans *La Sepmaine*, Paris, Klincksieck, 1992, p. 342-354.

[5] Guillaume de La Perrière: *Les Considerations des quatre mondes à savoir est: Divin, Angelique, Celeste et Sensible (...)*, Lyon, M. Bonhomme, 1552, A 6 recto.

[6] *Le Dictionnaire des rimes françoises (...) plus un Amas d'Epithetes recueilli des œuvres de (...) Du Bartas*, Genève, E. Vignon, 1596, p. 37.

[7] Voir le début de "*L'Uranie*"; la condamnation de la poésie profane est un lieu commun clairement exposé, par exemple, dans *Le Zodiac poetique* d'A. de Rivière, Paris, J. Libert, 1619, "Au lecteur".

programme qui seront au cœur de la problématique de *La Sepmaine*[8]. La cohérence de la pensée bartasienne est incontestable même si la systématisation qui en découle dans l'ordre de la composition de *La Sepmaine* fait revivre les clichés et lieux communs du livre du monde, du livre-miroir, du livre-bibliothèque... Lui qui revendique son statut de poète chrétien est persuadé de la noblesse de son entreprise comme l'atteste le "Brief advertissement" qu'il écrivit afin de justifier ses choix[9]. Préférant le "luth doux-sonneur" de David au "luth doré du bien sonant Phoebus" Du Bartas a proposé une fresque des premiers matins du monde, une peinture où le charme dérive presque toujours d'un imaginaire exprimé en termes de rupture lui-même intégré au traitement d'une question cosmologique ou scientifique "autant methodiquement qu'il est possible"[10]. On comprend mieux ainsi que l'originalité ne soit pas le critère majeur de l'économie et du plan de ce poème: ce qui compte en effet c'est de voir "comme on peut mettre en forme d'art les bons autheurs, quand on a tant soit peu gousté quelque brin de la plus vraye, pure et sincere methode"[11].

Disciple et héritier de la culture antique et patristique Du Bartas dont le modèle est Salomon "au sçavoir plus qu'humain"[12] a lu, beaucoup lu et peu innové. Comme les encyclopédistes de Raban Maur à Pierre Messie il a multiplié l'analyse de thématiques scientifiques et techniques connues et reconnues. C'est pour cela qu'il suit les traditions de son époque, qu'il en observe les données et

---

[8] *"L'Uranie"*, vers 213-220.

[9] Supra note 4.

[10] Formulation fréquente sous la plume de P. Thévenin, supra note 1.

[11] *La Sepmaine (...)*, éd. citée, note 1, p. 723.

[12] *Seconde Semaine, "La Magnificence"*, vers 334 et suivants.

les conséquences aboutissant toujours à reconnaître que "par la dignité de si grand œuvre, nous pouvons conjecturer, quelle est la sapience, puissance, et bonté du facteur"[13]. L'encyclopédisme tel qu'il le conçoit est une forme de l'apologétique. Mais puisque les merveilles de la nature sont là, bien présentes, il est légitime d'essayer de les comprendre et ce d'autant plus qu'elles "nous incitent à contempler le conditeur d'icelles"[14], à tout mettre en perspective dans le plan divin qui régit l'univers. Cette récupération conventionnelle de l'encyclopédisme par la théologie, véritable structure d'accueil, illustre toute l'habileté d'un poète ramenant à une unité d'écriture et de concept démonstrations multiples et dénombrements nombreux. L'unité de la narration dans *La Création du Monde* passe par le théologique.

Une telle constatation n'exclut pas la prise en considération du verbe bartasien, ce verbe qui a choqué ou ravi, ce verbe susceptible de traduire ce "monde nouveau", infini autant qu'indéfini dans la présentation de ses spectacles, ce verbe qui ne cesse de provoquer l'imagination. Certes la réussite n'est pas constante: il y a des faiblesses, des ruptures, des décalages, des insuffisances; toutefois l'essentiel réside dans une approche consciente, concertée, cultivée de la beauté. Par là l'écriture de *La Sepmaine* s'inscrit dans une célébration, celle qui de Ronsard à Claudel a prôné la lecture des infinis alphabets de la réalité. Peu importe que Du Bartas suive les catégories de la rhétorique et qu'il tente toujours d'être "éloquent". Dans le dédale de son poème écrire c'est faire

---

[13] G. de La Perrière: *op. cit.*, tierce centurie des considerations, "préface".

[14] G. de La Perrière: *op. cit.*, quatrieme centurie des considérations, "préface".

voir, organiser le dictionnaire des merveilles de la nature, "exhorter (le lecteur) à la piété chrétienne, à la vertu et à la science"[15].

*

L'architecture du poème bartasien a généralement fait passer au second plan les beautés qu'il contient. *La Sepmaine* nous demande un effort d'humilité et de spontanéité. Peu importe que les sources de cette "genèse" soient variées et innombrables. Il ne faut pas lire *La Sepmaine* uniquement à la manière de Simon Goulart... il est plus judicieux et plus plaisant de parcourir les merveilles de ses VII jours en acceptant le jeu de la séduction, en écartant au moins provisoirement et dans une première étape le jeu de l'érudition. Après tout si "Du Createur, l'on vient aux Creatures"[16] par la poésie et ses charmes on rejoint une activité spirituelle. Les hiérarchies n'éliminent pas les échanges, elles confortent au contraire le triomphe d'une démarche poétique chargée de tisser mille liens entre l'homme, le monde et Dieu. Au début il n'y avait pas que la Fable, mais c'est bien par elle que Du Bartas, comme ses pairs en poésie et en théologie, a commencé à ressentir "l'immense octave de la Création"[17]. Aussi est-il naturel que ce poème qui "n'est un œuvre purement Epique, ou Heroyque"[18] soit également une prière.

James Dauphiné

---

[15] A. de Rivière: *op. cit.*, "Au lecteur", p. 19.

[16] G. de La Perrière: *op. cit.*, "Epilogue", quatrain 6.

[17] Claudel: *Cinq Grandes Odes*, II.

[18] "Brief Advertissement...", supra note 4, p. 346.

L'UN, L'ÊTRE ET LE VERBE:
RÉFLEXIONS ANTIQUES SUR LA CRÉATION

Nous ne parlerons pas ici directement de Du Bartas lui-même. Nous penserons plutôt à ce qui a précédé son œuvre. Nous ne ferons pas intervenir la notion de source. Mais nous essayerons plutôt de réfléchir sur l'histoire même de la notion de création, hors de laquelle on ne peut pas comprendre ce qu'est sa culture.

Les questions qui se posent relèvent de trois domaines de pensée. Elles mettent en jeu la tradition judéo-chrétienne, la philosophie antique, les exigences propres de la poésie (puisqu'il s'agit ici d'une œuvre poétique). Ces différents aspects n'apparaissent pas séparément. Ils engagent dans une totalité la vision du monde et son expression. Des problèmes majeurs se définissent peu à peu: l'être et les valeurs, la nature et l'idéal, la notion même de création. Nous chercherons en même temps à mettre en lumière les différents domaines et à montrer comment ils s'impliquent mutuellement.

*

Nous commencerons par la philosophie antique. Elle est bien entendu postérieure à la rédaction de la *Genèse*. Mais elle s'est développée de manière autonome et elle a contribué à son interprétation, peut-être à sa critique.

Le grand texte qui domine toute la réflexion sur les origines de l'univers est le *Timée* de Platon. Le dialogue se présente sous la forme d'un vaste mythe. L'auteur nous dit comment le démiurge divin, s'inspirant du modèle fourni par les idées et d'abord par l'idée du bien, donne forme et ordre à la matière originelle (*protè hylè*), qui n'était d'abord que chaos. D'une telle image découlent des conséquences nombreuses et parfois contradictoires. Elle-même essaie de concilier les différentes doctrines physiques qui se sont développées avant le temps de Socrate.

La tradition qui s'épanouit ainsi n'ignore pas l'enseignement d'Hésiode. Elle sait comment le ciel et l'abîme se sont unis et elle n'ignore pas la puissance cosmique de Vénus. Mais elle s'interroge aussi sur l'être et sur les éléments. Les pré-socratiques jouent ici un rôle essentiel. Le *Timée* fait partie des dialogues qui s'efforcent de leur répondre. Le *Parménide* et le *Sophiste* l'accompagnent. Ils s'attachent à surmonter l'aporie de l'un et de l'être. Si l'être est un (conception qu'on ne peut écarter quand on veut protéger la connaissance contre l'évanescence et la relativité), tout ce qui apparaît comme multiple n'en est-il pas radicalement séparé? Platon répond en distinguant le même et l'autre, en les associant dans la dynamique du dialogue et dans le mouvement de la création, qui fait précisément passer l'unité de l'idéal dans la diversité du sensible. Une telle présentation fonde avec une force extrême l'union des mots et des choses, de l'idéal et du réel. Elle nous renvoie bien entendu au *Phèdre* et au *Banquet*. La création s'accomplit dans la beauté, qui est "splendeur du vrai"[1] ,qui en justifie donc l'amour puisqu'elle le rend désirable et admirable dans sa transcendance. Platon, ici, ne pense plus au seul Parménide mais d'abord à Empédocle, qu'il cite dans le *Banquet*. Il

---

[1] Platon, *Phèdre*, 250 b-d.

l'évoque à propos du mythe des hermaphrodites. L'amour témoigne dans le cosmos de la rupture originelle de l'Un, dont les parties dissociées tendent à se rejoindre. On retrouve en la transposant la grande idée d'Empédocle. L'univers résulte du mélange de la haine, qui le divise en suscitant la multiplicité, et de l'amour, qui est principe d'unité[2]. On peut dire dès lors que la constitution du monde est l'œuvre d'Eros. Cette doctrine, reprise d'abord par Platon, puis par Cicéron, Boèce, Dante et beaucoup d'autres, connaîtra une grande fortune dans la suite des temps. Mais nous devons nous souvenir de ses aspects tragiques. Aphrodite a deux visages. Elle est "ouranienne" mais aussi "pandémienne"[3] Elle habite le ciel, mais aussi les carrefours. En elle plus encore que dans tous les êtres, il faut marier le ciel et la terre et cela n'est pas facile. L'amour du beau conduit et ordonne, comme l'indique le mythe du *Phèdre*, le cortège céleste des dieux. Mais le *Banquet* précise par la bouche de Socrate qu'il n'exerce pas une royauté facile, comme le croyait Agathon, l'hôte du philosophe. Il est fils de Poros et Pénia, d'Expédient et de Pauvreté. Son rôle véritable est bien de servir de médiateur entre l'absolu et le réel, entre la splendeur de l'idée et le désordre de l'apparence. Dès lors, une autre nuance s'affirme et demeure. Nous nous apercevons que l'amour ne possède peut-être pas la connaissance de l'absolu. Il va vers elle en restant dans le sensible[4]. Il laisse place au doute alors même qu'il formule l'idéal.

---

[2] Voir la thèse de Jean Bollack, *Empédocle*, I, Paris, 1965.

[3] Platon, *Banquet*, 181 a-c.

[4] Cela est vrai, du moins, au départ, avant qu'il ne se purifie par l'ascension spirituelle et ne devienne amour de la sagesse. Mais alors même il ne se confond pas entièrement avec elle. Le Bien est une idée, que l'on ne peut connaître pleinement.

C'est pourquoi tous les grands textes platoniciens qui nous renseignent sur le cosmos et sur sa genèse gardent un caractère mythique. La perception qu'ils nous proposent relève de la poésie plutôt que de la certitude scientifique. Le philosophe se rapproche ainsi des origines hésiodiques tout en les transposant selon les exigences de sa haute raison et de ses intuitions amoureuses.

Dans le *Timée*, les philosophes ultérieurs ont surtout trouvé l'idée d'un commencement du monde. Aux yeux des platoniciens, il n'est pas éternel. On peut donc parler de création, même si elle ne se fait pas à partir de rien, mais organise le chaos primitif. Cependant la pensée antique a aussi insisté sur l'éternité du monde. L'Aristotélisme apparaissait comme le principal tenant d'une telle doctrine. Elle impliquait que la création ne se place pas dans le développement historique des choses; il faut donc qu'elle soit continue. La véritable originalité d'Aristote réside dans sa réflexion sur la constitution de l'être, sur les catégories et sur la causalité. Le monde se meut mais son mouvement se fonde sur un premier moteur immobile et éternel. La pensée du philosophe procède donc d'une analyse attentive des rapports entre l'action et le repos. Il s'agit de passer de la puissance à l'acte en donnant forme à une matière. Le créateur agit à tout instant comme un artiste. Le modèle d'Aristote est moins le poète ou l'amoureux que le sculpteur qui donne forme au marbre en lui imposant sa pensée et en la faisant passer de la puissance à l'acte. L'action, avec ses occasions, sa convenance, son efficience, sa finalité vient inscrire l'idéal dans l'être, le réel dans la pensée. Sans elle, l'idée n'est qu'abstraction. Qui parle de création parle de la totalité concrète de l'être et des êtres. Ils doivent à tout moment être saisis dans leur naissance, c'est-à-dire dans leur *phusis*: la nature vient relayer l'idée, le naturaliste et le biologiste succèdent à Homère et au géomètre sans les écarter tout à fait. Pour rendre compte de la création, pour joindre la "poiétique" à la pratique et à la théorie, la synthèse vient s'ajouter à l'hypothèse.

Il faut donc saisir le monde dans sa naissance perpétuelle, dans son renouvellement constant. Beaucoup de problèmes subsistent, qui vont rester posés jusqu'à notre temps. Le premier concerne le rôle de la transcendance et le second celui des dieux. L'Epicurisme, comme l'Aristotélisme, décrit une création continue. Mais il nie le rôle des dieux.il découvre seulement que le monde n'a pas besoin de démiurge et que le hasard et la nécessité suffisent pour fonder la raison. Cela dit, il est possible de rejoindre les Platoniciens dans l'atomisme[5]. Au contraire les Stoïciens voient dans la matière un fluide infiniment divisible. Le logos, le verbe le met en ordre et l'anime, mais lui semble immanent. Entre l'homme et le monde, il existe une analogie. Tous deux ont un corps et une âme qui les gouverne et qui les façonne comme un feu intérieur. On ne parle plus de démiurge mais on évoque l'âme du monde. Bien loin de quitter nos régions, les formes diverses de la divinité y sont présentes et apportent en tous lieux les témoignages infinis de leur providence[6].

---

[5] La discontinuité de la matière est affirmée de façon géométrique et mythique dans le *Timée*, 53c-55d.

[6] La divinité suprême, selon les Stoïciens, est un "feu artiste", qui agit de manière continue. Ajoutons cependant que le monde a un commencement et une fin, l'*ekpyrosis*, dans laquelle il est détruit par le feu qui l'avait façonné. Puis surviennent d'autres commencements et d'autres destructions, selon les cycles d'une éternelle palingénésie. On rejoint ainsi le Pythagorisme. Nous en reparlerons à propos de Virgile et de la IVe *églogue*. Soulignons aussi que, dans toutes les écoles que nous avons citées, la genèse du monde se présente, de diverses manières, comme celle des éléments. Nous ne pouvons entrer ici dans le détail.

Tels sont, dans leur admirable richesse, les enseigne-ments des philosophes. Ils permettent de poser une série de notions fondamentales qui relèvent à la fois de l'intelli-gence (puisqu'elles confrontent la raison et l'intuition, le sensible et l'idéal) et de la poésie (puisqu'elles mettent en cause le désir, l'amour et la beauté et qu'elles établissent un dialogue entre le mythe et le mystère). L'idée même de création se révèle dans ses nuances: qu'est-ce que créer? Les rhéteurs répondront: c'est "inventer" et décou-vrir ainsi les relations qui existent entre les mots et les choses. Les artistes diront que c'est introduire la forme organisée dans la matière brute. On s'apercevra que de telles démarches sont essentiellement civilisatrices. Elles fondent l'ordre, les hiérarchies, les valeurs. Alors inter-viennent ensemble la morale, l'amour et la beauté. Le monde est une œuvre d'art où l'artiste n'est autre que la nature. En latin, le verbe créer s'applique à l'institution des magistrats. Mais les Romains savent aussi que Dieu fonde (*condit*[7]) le monde et qu'il en est ainsi l'*auctor*, qui lui confère sa dignité. Il n'existe pas de véritable "faire" sans *auctoritas*, d'être sans beauté, de beauté sans honneur, où chaque chose accomplit sa fonction, son *officium*.

Telles sont les données de la sagesse gréco-romaine. Elles vont rencontrer les enseignements de la tradition judaïque et l'interprétation originale qu'en donne le Christianisme. Tel doit être le second point de notre esquisse.

*

---

[7] Le mot sera employé par les chrétiens, qui chercheront ainsi à rapprocher la terminologie antique et la pensée judaïque, non sans corriger ou supprimer des nuances importantes, comme nous allons le voir.

Il existe bien entendu de grandes différences entre les exposés de la *Genèse* et les doctrines des philosophes. Mais elles peuvent permettre de comprendre les obscurités de la Bible, en traitant son récit des origines comme un ensemble de mythes, de symboles et d'allégories. Les penseurs de l'époque hellénistique ou les contemporains de Cicéron savaient appliquer de telles méthodes à la mythologie païenne. Elles semblaient aussi utilisables pour le récit des origines, tel que le voyaient les Juifs. Ils ont été les premiers à s'en aviser eux-mêmes. La grande œuvre de Philon d'Alexandrie, qui se présente avant tout comme un commentaire de la *Genèse* selon les méthodes de la philosophie, en témoigne de manière féconde. Elle servira de source à son tour pour les auteurs chrétiens, et particulièrement à Ambroise de Milan[8], qui les utilise pour méditer sur les sept jours de la création et qui s'inspire en même temps de la cosmologie néo-platonicienne et de Plotin, comme le fera saint Augustin[9].

Nous voulons insister particulièrement sur l'œuvre primordiale de Philon. On a pu montrer que, dans ses aspects philosophiques, elle est inspirée principalement par l'enseignement éclectique de l'Académie contemporaine, dont Cicéron témoigne de son côté[10]. Nous sommes donc en présence d'un courant de pensée que la Renais-

---

[8] Cf. les six livres de l'*Hexameron*.

[9] Cf. *De Genesi ad litteram, De Genesi contra Manichaeos*, etc.; ces deux titres sont significatifs: il s'agit de poser le problème de la lettre et du symbole et de nier l'existence d'un mal créateur. Ambroise et Augustin affirment l'historicité tout en utilisant partiellement le symbolisme.

[10] Voir Jean Daniélou, *Philon d'Alexandrie* (influence des disciples d'Antiochus d'Ascalon). Nous avons nous même insisté sur le rapprochement avec l'Académie et Cicéron dans le Colloque organisé à Rome en 1987. Cf. *Augustinianum*, 1-2, 1988, pp. 219-236.

sance a bien connu dans ses différentes expressions. D'autre part, l'effort principal de l'Académie, tel que nous le connaissons notamment par l'Arpinate, a tendu à mettre la philosophie en dialogue, à confronter les systèmes et à chercher leurs points d'accord. Une telle méthode avait l'avantage de rejeter le dogmatisme systématique et d'éviter également le scepticisme absolu. Elle confrontait les opinions pour dégager, classer, ordonner les vraisemblances[11]. Elle était donc particulièrement utile pour résoudre ou pour atténuer les conflits que nous avons signalés à propos de la cosmologie.

Philon insiste particulièrement sur deux points: le rôle du logos, les rapports de la création et du temps. C'est par le logos que Dieu donne forme d'abord à l'esprit, puis à la matière. On ne doit pas s'étonner qu'il ait d'abord créé le Paradis terrestre, c'est-à-dire un jardin. Il s'agissait en effet de façonner la nature, qui est l'expression première de la pensée divine, de son Verbe. Le rationalisme concret des Stoïciens s'accorde ici avec l'amour des totalités vivantes, dont Aristote témoignait si fortement. Mais le logos ainsi entendu n'est pas seulement immanent à l'être, comme une lecture superficielle du Stoïcisme pourrait le laisser croire. Il conduit plus haut, il est médiateur entre les lumières du monde, qu'il allume lui-même, et la ténèbre de Dieu, qui dépasse la connaissance humaine ou rationnelle. L'exigence majeure du Platonisme se trouve ainsi rétablie et respectée.

En conduisant ainsi sa pensée (comme le font sans doute les Académiciens dont il s'inspire), Philon rétablit dans son unité la philosophie socratique telle que les Anciens pouvaient l'admirer. Il sait (comme le compren-

---

[11] Consulter la thèse de Carlos Lévy (*Cicero Academicus*) et notre contribution au recueil *Aufstieg und Niedergang der Römischen Welt*.

dra par exemple Sénèque)[12] que le Stoïcisme ne réduit pas la raison à l'immanence et qu'il essaie plutôt d'unifier en elle immanence et transcendance. D'autre part il établit, dans un esprit platonicien et mystique à la fois, l'accord entre la ténèbre et la lumière, le verbe, le monde et Dieu, mais aussi entre le doute et la vision. Il peut présenter les proclamations sceptiques du *De ebrietate*: notons que la réflexion sur l'ivresse est commune au doute et à la contemplation. Philon semble ouvrir la voie à toute la méditation platonicienne qui, en passant notamment par le pseudo-Denys l'Aréopagite, conduit jusqu'à saint Jean de la Croix et au dialogue moderne de la flamme et de la nuit dans la prière. Entre le logos et Dieu, Philon maintient une inégalité. Le début de l'*Evangile de Jean*, quelques décades après lui, reprend les mêmes termes mais prépare la conception chrétienne de la Trinité. On peut ainsi mesurer la fécondité de la pensée antique, qui apporte sa doctrine sur les exigences de l'être et de l'un pour interpréter la théologie judaïque jusque dans sa cosmologie.

Nous dépassons ainsi la mystique proprement dite, tout en soulignant ses rapports étroits avec le fonctionnement de la raison. Celle-ci accepte l'inspiration divine. Mais elle rejette le dogmatisme et l'esprit de système. On s'en avise en particulier lorsque Philon s'interroge sur la création et sur le temps: le monde a-t-il commencé? Faut-il le considérer comme éternel? Philon choisit la seconde réponse. Il suit Platon et ne prend donc pas parti pour

---

[12] Cf. Sénèque, *Lettres à Lucilius*, 65, qui présente une synthèse analogue. L'Un divin, cause première, passe de l'*idea*, qui fournit le modèle et qui est platonicienne, à l'*eidos*, qui l'inscrit dans la matière et qui est aristotélicien. Cet éclectisme procède évidemment de l'Académie tardive ("ancienne Académie" d'Antiochus d'Ascalon). Sénèque le présente dans un esprit stoïcien.

Aristote. Cependant, il a soin de présenter les deux hypothèses et assure ainsi le caractère dialectique de son exposé. Son texte est donc doublement important à nos yeux puisque, d'une part, il confronte les tendances dominantes de la pensée antique et que, d'autre part, il choisit entre elles d'après les données de la Bible.

Ainsi se dessine une méthode de pensée qui va prendre toute sa valeur dans la patristique, en mettant l'accent sur les données propres du Christianisme. Nous l'avons déjà signalé en parlant du prologue de Jean. Il en va de même de l'*Hexameron*, chez Ambroise, qui connaît très bien Philon, et chez Augustin, excellent lecteur de Cicéron et du Néo-Platonisme. Nous nous bornerons à insister sur trois points. D'abord, comme Philon mais d'une manière plus marquée et plus ouverte, nos auteurs décident de faire le choix du Platonisme pour établir une concordance entre la philosophie païenne et la pensée judéo-chrétienne. Mais la doctrine qu'ils proposent tient compte des synthèses éclectiques que nous avons exposées. Bien sûr, ils reviennent au dogmatisme par le chemin de l'illumination et de la foi. Augustin se sépare sur ce point des Académiciens[13]. Il leur doit cependant en une large mesure son désir d'embrasser la pensée païenne pour la convertir plutôt que de la répudier et de la détruire[14]. Un tel projet ne peut s'accomplir que si l'on respecte strictement les exigences propres du Christianisme. Nous insisterons donc sur les deux autres points, qui sont marqués avec une force particulière par saint Augustin. D'une part, il souligne le fait que la création s'accomplit en une fois, à l'origine du temps et qu'elle est donc *ex*

---

[13] Cf. *Contra Academicos.*

[14] Il faut toujours revenir à la grande thèse d'H.I. Marrou sur saint Augustin et la conversion de la culture antique.

nihilo. D'autre part, il met l'accent sur la grâce et le péché. La tradition païenne n'a initialement aucune part dans ce moment de la *Genèse*, même si la Gnose est venue plus tard l'interpréter en utilisant largement la tradition platonicienne[15]. L'un des plus grands efforts d'Augustin, qui s'est trouvé placé en face de tels problèmes par son expérience du Manichéisme, a consisté à purifier, grâce à Plotin et à la tradition latine, l'enseignement platonicien et à proclamer ainsi l'omnipotence de la grâce[16] et l'innocence initiale de la création, comme le voulaient la bonté du Créateur et le don du Christ. Le Christianisme ne se réduit donc pas à la philosophie. Il l'appelle à dépasser ses incertitudes, à formuler des choix. Il lui doit inversement une plus grande intelligence dans l'interprétation et l'expression de sa foi et de son amour. Comme disait Philon, auquel nous pouvons revenir en achevant cette partie de notre exposé, le monde est "poésie de Dieu". Il est donc possible d'admirer la beauté de l'acte créateur.

*

Précisons bien que la "poétique " du Créateur n'est pas nécessairement celle des poètes. Elle concerne l'art qui lui a permis de façonner le monde, de le "faire" en dépassant

---

[15] La création, par elle-même, apparaît alors comme une dégradation et une chute de l'absolu. Cette conception procède dans une large mesure du Platonisme mais tend à le déformer: le fondateur de l'Académie aurait refusé l'ontologie tragique qui se trouvait ainsi suscitée.

[16] Sa doctrine de la grâce est apparemment pessimiste, puisqu'elle semble soumettre la liberté de l'homme à une nécessité venue de Dieu. Mais en réalité le vouloir divin est liberté parfaite, source, modèle et garant de toute liberté. C'est la liberté qui crée la nécessité.

à la fois la simple pratique et la pure théorie[17]Il n'en demeure pas moins (on le sait depuis Aristote) qu'une telle forme d'action est analogue à la poésie proprement dite et qu'elle en possède les caractéristiques. Nous avons donc le droit et le devoir d'aborder maintenant les problèmes esthétiques et nous y sommes d'autant plus autorisé que, de Parménide à Du Bartas ou même à Victor Hugo et Mallarmé, les poètes et les philosophes n'ont cessé de se rejoindre à propos de la cosmologie. On va jusqu'à Raymond Queneau et à sa *Petite cosmologie portative*[18]. Depuis le temps de la *Théogonie*, l'origine de l'univers apparaît comme un sujet d'épopée. Il convient de rappeler brièvement les questions littéraires et spirituelles qui se sont ainsi posées. Elles se manifestent dans le style, à la fois par les figures et par le degré d'élévation.

Nous l'avons dit, dès l'Antiquité, on a découvert les différents niveaux du discours et son caractère plus ou moins figuré. On a identifié la métaphore, l'image, l'allégorie, le mythe[19]. On a compris que tout exposé, toute présentation du sens peuvent être plus ou moins symboliques. La philosophie pouvait dès lors rejoindre la théorie du langage (rhétorique et poétique). Alors se sont dessinées deux voies d'interprétation symbolique, que les Chrétiens ont reprises pour leur compte et selon leurs besoins propres. L'une aboutit à des explications "physiques", l'autre concerne la morale. Aphrodite peut apparaître comme la force physique qui réunit les êtres ou comme le principe contradictoire de la paix et des passions. Les Chrétiens rencontrent des suggestions analo-

---

[17] Nous rejoignons ici la formulation d'Aristote.

[18] Voir notre contribution aux *Mélanges Gigante* (à paraître en 1993).

[19] Consulter J. Pépin, *Mythe et allégorie*, Paris 1958.

gues dans la *Genèse*. Elle peut éclaircir soit la nature du monde, soit la psychologie de la faute. A cela s'ajoute un symbolisme propre, qui est fondé sur la présence du Christ dans l'histoire du salut et qui se manifeste donc par des correspondances temporelles: la typologie décèle dans l'Ancien Testament les images qui préfigurent Jésus; sa vie même et les merveilles qui s'y accomplissent ont valeur symbolique. La faute originelle prend valeur de *felix culpa* quand on la fait entrer dans le plan de la rédemption[20]; la description merveilleuse de la nuit de Noël apparaît comme une description de la seconde création du cosmos, où le sauveur descend, venant du ciel parmi les chants des anges et dans l'adoration que tous les pouvoirs, rois et bergers[21], vouent à sa pauvreté et à sa faiblesse. Ainsi le Christianisme vient transfigurer, au sens le plus précis du terme, ce qui, peut-être, était déjà figure.

Mais revenons de manière plus précise aux images antiques et à la pratique des grands auteurs. Nous soulignerons encore une fois que la méditation cosmologique a commencé dans la poésie ou dans une pratique du langage qui en est proche. Nous avons cité Parménide et Empédocle, qui écrivent en vers épiques. Il faut ajouter Héraclite, qui écrit en prose mais se plaît aux figures de l'obscurité ou de l'ambiguïté, sentences brèves et oxymores, parce qu'elles miment exactement le processus de la connaissance. Dans ces formes primitives, la philosophie découvre que la physique ne peut pas être séparée du concret, qu'elle implique donc une métaphysique de l'être (et non du concret, qu'on ne sait pas encore abstraire). De même, on voit se dessiner une poétique de la métaphore, qui ne se borne pas à établir des relations logiques, mais

---

[20] Cf. l'*Exsultet* pascal.

[21] Qu'on songe à l'image pythagoricienne des bergers de peuples.

qui toujours unit l'être et le sensible. On raconte par exemple que l'amour et la haine se partagent la genèse du monde ou qu'Empédocle se jette dans un volcan pour y rejoindre le feu purificateur... Qu'il suffise de penser à l'interprétation poétique tirée plus tard par Hölderlin de cette image. De même, Parménide franchit le cercle de feu qui protège l'être immuable. La science moderne, aujourd'hui encore, est fascinée par ces images élémentaires. Elle comprend que l'idéal positiviste d'une formulation purement objective et mathématique des phénomènes et des lois qui les régissent ne suffit pas. La poésie tend précisément à dépasser de telles limites. Si elle persiste cependant à exprimer la vérité, à la chercher dans l'être, dans l'existence et dans l'idéal, elle peut rendre des services importants au savoir et à la sagesse, en réfléchissant sur la portée du langage et sur le rapport des mots et des choses. Elle reprend alors des mots antiques comme action, fin, infini, atome, énergie. Elle revient, avec Husserl ou Heidegger, aux origines du savoir et aux intentions premières d'après lesquelles il constitue son langage.

Les démarches que nous décrivons ici nous renvoient aux extrêmes, à la philosophie pré-socratique et à la modernité, telle qu'elle apparaît et s'épanouit depuis la fin du XVIIIe siècle. Nous allons à la fois vers Empédocle et Hölderlin. Mais il faut se rappeler que la Renaissance se situe entre les deux. Elle s'attache essentiellement à retrouver les modèles classiques. C'est pourquoi elle se tourne vers Platon, Aristote, les Epicuriens et les Stoïciens. Surtout, dans l'ordre de la littérature et de la création esthétique, elle revient vers les maîtres du classicisme antique, Homère ou Hésiode, bien sûr, mais surtout les latins, qui ont pu connaître la philosophie grecque et la transposer dans la poésie. Trois noms principaux doivent être cités: Lucrèce, Virgile, Ovide.

Tout ce qui précède nous permet déjà de comprendre que l'imitation, lorsqu'elle s'attache à leurs œuvres, ne peut se borner à une reproduction superficielle et mécanique, mais implique une conception globale de la sagesse et du langage.

Lucrèce est doublement intéressant du point de vue qui nous occupe[22]. D'abord, il rétablit l'épopée dans l'Epicurisme. Epicure, au contraire, se défiait d'elle. Il admirait sans doute jusqu'à un certain point le plaisir poétique. Mais il le rejetait lorsqu'il n'était ni pur ni nécessaire et qu'il apparaissait comme artificiel. Lucrèce au contraire revient au genre épique. Il s'en justifie par diverses raisons. Il retrouve le style des philosophes pré-socratiques et notamment d'Empédocle, qu'il imite dans les premiers vers du poème en évoquant Mars et Vénus — la guerre et l'amour — et en citant dans le chant I la doctrine du philosophe. Son style et les images qu'il emploie coïncident donc avec sa pensée. L'adéquation entre les mots et les choses est ici exceptionnellement forte. La théorie de la connaissance, telle qu'il la conçoit, entraîne le choix du style. Epicure indique qu'elle se fait à partir du sensible mais doit user de l'analogie et qu'elle peut proposer une pluralité d'explications. De là le recours constant aux images concrètes. La sensibilité n'est pas seule en cause mais aussi ce que nous appelons le sentiment, amour, haine, passions où l'image se mélange à l'imaginaire. Le plaisir et la douleur ne peuvent manquer de prendre un caractère original, suggéré par la doctrine du Jardin. On sait comment Lucrèce mêle dans sa poésie la douceur du miel à l'amertume de l'absinthe et des remèdes qu'elle symbolise. Il trouve aussi dans les

---

[22] Il faudrait analyser en détail les prologues des différents livres du *De rerum natura*.

prairies sauvages, sans doute les alpages de montagne, la beauté des fleurs que nul n'a souillées. De ces deux façons, il rejoint l'épopée. Avec elle, il cherche la pureté. Elle lui enseigne d'abord, comme le faisait Homère, qu'il imite, la grâce de la tempérance bien ordonnée. Mais surtout, elle le convie à l'héroïsme, dont Epicure, vainqueur des souffrances humaines, représente le modèle. Il témoigne en même temps de son plaisir philosophique et de sa sérénité sublime, soit qu'il décrive les tempêtes du rivage où il se tient en sécurité soit, au dernier chant, qu'il retrouve le langage de Thucydide pour évoquer la peste d'Athènes. Il ne veut pas marquer son désespoir mais affirmer son calme devant les désordres de la douleur. Au cœur de sa pensée comme de son style, il proclame la loi cosmique qui rend inutile l'intervention des dieux et qui fonde la conception épicurienne de la *temperantia*: tout procède chez lui de l'isonomie, l'équilibre des hasards. Une probabilité réalisée est toujours suivie de son contraire. Le début du chant VI célèbre le bonheur d'Athènes, qui a donné naissance à Epicure; la fin du même chant décrit la peste qui frappa cette ville. Tel est le sublime de Lucrèce: à l'image du monde, il est régi par le hasard et par la nécessité, par l'équilibre et par la supériorité lucide.

Ovide a exercé une influence bien plus grande que celle de Lucrèce, dont l'épicurisme suscitait la défiance. Pourtant, il l'imite manifestement au début des *Métamorphoses*, lorsqu'il décrit, à l'origine du *cosmos*, la *rudis indigestaque moles* qui constitue le chaos originel. Retenons cependant cette image. Nous pensons, plutôt qu'à Epicure, à la "matière première" du *Timée*. La tradition platonicienne, qu'Epicure ou Lucrèce connaissaient déjà et qu'ils essayaient de corriger, est sans doute présente ici, perçue à travers les enseignements de l'Académie. Elle se trouve également attestée par les passages qui suivent et qui sont consacrés à la création de l'homme. "L'homme d'Ovide", comme dira Baudelaire[23], est le seul parmi les animaux à présenter un visage qui peut élever ses regards vers le ciel. On reconnaît en cela une allusion précise à la doctrine du *Timée*. D'une façon plus large, il faut se référer au chant XV, qui constitue la conclusion de l'œuvre comme la genèse du cosmos et de l'homme en constituait l'introduction[24]. Ici apparaît un personnage sur lequel nous aurions dû insister plus tôt: Pythagore. Selon l'image qu'en propose Ovide, remontant à travers son platonisme jusqu'à Héraclite, il est avant tout le philosophe des métamorphoses et de l'inépuisable transformation des formes, de l'alternance constante entre la vie et la mort. Certes, Pythagore avait inspiré Platon. Le *Timée* attestait lui aussi le jeu des métamorphoses. Mais il essayait de les rattacher à l'unité de l'éternel soit en se référant à la géométrie soit en y retrouvant la permanence de l'idéal. Ovide est moins explicite: sa poétique de la métamorphose est aussi celle du vertige. Comme Lucrèce, il reconnaît l'ambiguïté de la création. Mais il lui donne un sens différent, qui est étroitement lié à ce que sa poésie a de baroque et de changeant. Il décrit à la fois la faiblesse de l'homme et la puissance des dieux. Ce sont eux qui ont façonné la matière. Le poète imite Lucrèce mais il s'écarte de l'Epicurisme et il rejoint la cosmologie du Portique et de l'Académie.

Il n'est pas le seul à pratiquer à la fois une telle imitation et une telle prise de distance. Il suit lui-même un autre modèle qui est intermédiaire entre Lucrèce et lui et qu'il voudrait égaler ou dépasser: Virgile. Le poète des

---

[23] Dans *Le Cygne*.

[24] Cf. à l'étude de J.P. Néraudau, *Ovide ou les dissidences du poète*. Métamorphoses, *Livre XV*, Paris 1989.

Bucoliques a lui aussi été pythagoricien. La IVe *églogue* décrit de manière admirable la palingénésie du monde et de la cité après les guerres civiles qui ont failli les détruire. Ainsi s'affirme dans la poésie (sous l'invocation de Linos et d'Orphée qu'on retrouvera ailleurs) une théorie de l'éternel retour dont la position des étoiles, géométriquement définie par l'astronomie, fournit les signes, qui ne sont pas arbitraires et qui s'accordent, dans le mouvement des sphères célestes, avec les lois de l'harmonie musicale[25]. La méditation sur l'amour qui domine les *Bucoliques* comme la théorie de l'univers qui s'affirme dans les *Géorgiques* IV et dans l'*Enéide* VI, attestent l'influence exercée sur Virgile par les enseignements de l'Académie[26]. Sans doute peut-on interpréter dans le même sens les allusions à la genèse du monde et à la loi des métamorphoses qui dominent la VIe *églogue*. Nous sommes ici très près de ce qu'Ovide développera. Mais le texte apparaît aussi par son langage comme une imitation proche du chant V du *De rerum natura*. Avant Ovide, Virgile imite Lucrèce, tout en supprimant, comme son successeur, les aspects spécifiques de la doctrine épicurienne (atomisme, théorie du plaisir)[27]. Plus qu'Ovide et comme Lucrèce, il insiste de façon très romaine sur la *pietas* et sur le sacré.

Nous pouvons nous arrêter à quelques conclusions. La création poétique, à Rome, s'intéresse à la physique et à la cosmologie. Elle utilise la sagesse des philosophes dans l'usage des moyens littéraires et dans le choix des mots

---

[25] L'aspect mathématique du Pythagorisme et de l'astronomie qui gouverne sa cosmologie est donc ici fortement souligné.

[26] Voir P. Boyancé, *La religion de Virgile*, Paris 1963. Les travaux plus récents de J.P. Brisson et P. Grimal insistent sur les aspects épicuriens.

[27] Voir le commentaire de J. Perret (*Bucoliques*, coll. Erasme).

et des choses. Elle propose un dialogue entre les doctrines alors dominantes: Aristotélisme, Epicurisme, Stoïcisme, Platonisme. Pour ce dialogue, elle use des moyens littéraires définis par les théoriciens et fondés par l'histoire des genres: on assiste à une expansion nouvelle de l'épopée, qui met en œuvre à la fois les conquêtes de la science et les acquis du langage, en suivant chaque fois les enseignements des doctes, philosophes encore mais aussi techniciens[28]. Ainsi sont sauvegardées les exigences concrètes de l'humanisme, de la tradition spirituelle, de la piété, de la patrie, de l'idéal et du sacré. Chacune de ces exigences comporte sa valeur autonome et cela peut impliquer des conflits. La fonction de la poésie est notamment de les exprimer (comme le fait souvent Ovide) ou de les dominer par la raison purifiée (Lucrèce) ou par la tendresse sublime (Virgile). La poésie nous enseigne ainsi plus profondément que toute autre méthode comment les systèmes peuvent se rencontrer, s'unir ou dialoguer dans la recherche de l'absolu.

*

Les observations générales que nous venons de proposer suffisent en elles-mêmes pour montrer la complexité des problèmes posés par l'idée de création, de l'Antiquité à nos jours et plus particulièrement jusqu'à la période qui a précédé Du Bartas et sa *Sepmaine*. Nous voudrions seulement, pour conclure, signaler comment les principaux d'entre eux se sont transmis pendant le Moyen Age et au début de la Renaissance. Nous ne saurions entrer dans le détail des doctrines. Nous souhaitons seulement dégager quelques aspects caractéristiques. Nous dirons

---

[28] Nous pensons aux rhéteurs et aux auteurs de poétiques.

uniquement que l'Antiquité a légué aux temps qui l'ont
suivie un grand débat entre la nature et l'être ou l'absolu.

Nous nous bornerons, à propos du Moyen Age, à
évoquer le XIIᵉ siècle et l'Ecole de Chartres. Le *De mundi
uniuersitate* de Bernard Silvestre est très significatif à cet
égard. En deux livres où les vers alternent avec la prose,
l'auteur nous propose une cosmologie chrétienne et
philosophique. L'histoire proprement dite de la création
ne nous est pas présentée en elle-même. L'écrivain
s'intéresse plutôt aux réparations dont elle a besoin pour
atteindre sa perfection. Comme il l'indique dans le
résumé (ou *breuiarium*) initial, le premier livre est intitulé
Megacosmus et le second *Microcosmus*. Dans le "macrocosme", la Nature personnifiée s'adresse à Noys (*nous*),
"c'est-à-dire la providence de Dieu" (mais d'abord son
esprit) "pour se plaindre de la confusion de la première
matière (*hyles*)²⁹, comme avec des larmes, et elle demande
que le monde soit poli de manière plus belle". Noys fera
droit à sa demande. En particulier, dans le second livre,
elle charge Uranie, reine des astres, associée à Theorica
et Practica, de façonner l'homme. Tout cela s'accomplit
à la demande de Natura, dont Noys a accepté et défini les

---

²⁹ *"In huius operis primo libro, qui Megacosmus dicitur, id est maior
mundus, Natura ad Noym, id est Dei prouidentiam, de primae materiae,
id est hyles, confusione querimoniam quasi cum lacrimis agit et ut
mundus pulchrius expoliatur petit... In secundo libro, qui Microcosmus
dicitur, id est minor mundus, Noys ad Naturam loquitur et de mundi
expolitione gloriatur et in operis sui completione se hominem plasmatu-
ram pollicetur".* On voit que l'esprit providentiel de Dieu demande à la
nature de l'aider à continuer la création, à la "compléter". Le Moyen
Age est loin de s'opposer toujours à la nature, comme on le croit
parfois. Notons que, pour façonner l'homme nouveau, Urania, *siderum
regina*, est associée à Physis, *quae rerum omnium est peritissima* et dont
les deux filles sont Théorie et Pratique. La nature est ainsi doublement
présente, sous ses noms grec et latin.

termes. Nous voyons que le problème de la nature et de ses rapports avec la création est posé de manière très précise. Il s'agit d'accorder la transcendance de Dieu et l'immanence du monde. L'Ecole de Chartres s'efforce de combiner le logos du Stoïcisme et sa théorie de l'âme du monde avec les idées platoniciennes. On retrouvera des idées analogues chez Alain de Lille, dans l'*Anticlaudianus* et dans le *De planctu naturae*[30]. Chez les Chartrains, elles ont été condamnées dans la mesure où elles semblaient conduire au panthéisme. Mais l'accord entre la nature et l'idéal va se retrouver sous une forme plus orthodoxe chez saint Thomas d'Aquin (encore que son aristotélisme le conduise à une théorie de la création

---

[30] Précisons qu'Alain de Lille n'appartient pas à proprement parler à l'Ecole de Chartres; mais il en reprend certaines idées majeures, notamment dans le célèbre hymne à la nature du *De planctu Naturae*:

O Dei proles genetrixque rerum,
uinculum mundi stabilisque nexus,
gemma terrenis, speculum caducis,
    lucifer orbis....

quae tuis mundum moderans habenis,
cuncta concordi stabilita nodo
nectis et pacis glutino maritas
    caelica terris,

quae noys puras recolens ideas,
singulas rerum species monetas,
rem togans forma, chlamydemque formae
    pollice formas...

Voir mon livre *In Hymns et canticis. Culture et beauté dans l'hymnique chrétienne latine*, Paris-Louvain, Pub. Uni., 1976.

continuée qui ne sera pas acceptée[31]). On mesure combien reste présente la tradition de l'éclectisme antique, telle que l'avaient exprimée Virgile et Ovide, mais aussi Cicéron et Sénèque, relayés par la patristique et Boèce. Dante va réunir tous les courants dans son *Paradis*: il pourra concilier les diverses doctrines dans "l'amour qui meut le soleil et les astres étoiles" et dont il trouve le modèle chez l'auteur de la *Consolation de Philosophie* (II, 8), dans le *De amicitia* de Cicéron, chez Empédocle[32] et donc chez Lucrèce et Virgile aussi.

Tous les Anciens trouvent à s'accorder quand on les interroge sur l'amour. Nous pourrions finir sur cette idée. La Renaissance la reprend à son compte. Elle aussi se pose la question de la nature. Sans doute elle est tentée de l'opposer au surnaturel chrétien. Nous n'insisterons pas sur ce lieu commun. Il est plus utile de souligner les continuités. Certes, la Renaissance s'oppose aux excès de l'abstraction scolastique. Mais cela ne l'oblige pas à rompre avec la tradition antique, que le Moyen Age a si bien connue. En elle, les humanistes découvrent l'amour humble et transcendant qui accepte, embrasse et unifie le monde, qui accorde, comme le voulait déjà le *Roman de la Rose*, la Nature cosmique et le Génie divin[33]. Qu'il nous suffise, au XVème siècle et au début du XVIème, de citer quelques noms. Maurice Scève unit l'amour et l'idée

---

[31] Elle fut d'abord condamnée. Plus tard, on écarta la condamnation, tout en gardant préférence pour la création *ex nihilo*. Il faut ajouter que la doctrine de Thomas, telle que la présente la *Somme théologique*, est nuancée et tend à se présenter comme conciliatrice (cf. I, 45-46).

[32] Empédocle est cité par Cicéron dans le *De amicitia*, 23, qui sert de modèle à Boèce et qui d'un autre point de vue (à propos du sacrifice mutuel) renvoie également à Sénèque (*Lettres à Lucilius*, 9).

[33] Genius, qui est présent à la fin du *Roman* et qui était apparu chez Alain de Lille (*De planctu Naturae*), représente le Dieu des théophanies.

dans la *Délie*; il est tout à fait logique de le voir ainsi
aboutir au *Macrocosme*, dont la terminologie même
atteste la permanence d'une tradition. Bien avant lui,
Boccace, Pétrarque puis Valla rétablissaient les liens entre
la morale épicurienne et l'idéalisme platonicien. Ficin les
suivait en réfléchissant sur la morale de Lucrèce, sur la
paix et la pureté, cependant que Pic de la Mirandole
traitait *De ente et uno*, des rapports de l'être et de l'Un.
Ainsi, tous les grands débats antiques reprenaient vie,
dans un esprit de dialogue authentique et dans la contemplation concrète de l'idée unie à la nature. La puissance
de ces synthèses ne sera sans doute pas maintenue
pleinement. Certes, elles sont favorisées par un double
épanouissement. La connaissance de la création est
profondément stimulée par la découverte du monde.
L'amour des êtres est exalté par la montée du bonheur.
Nous avons parlé de la poétique de Noël: Sannazar écrit
le *De partu Virginis*, où il établit l'union la plus parfaite
entre les hymnes de la Nativité et la poétique virgilienne.
Mais les luttes religieuses et les nouveaux conflits politiques du monde moderne vont surgir. A la synthèse
universelle va répondre la conscience du péché. A la
lumière contemplative de l'épopée répondra la tragédie, à
Maurice Scève et à Sannazar répondra Milton. Du Bartas
se tient exactement dans l'intervalle[34].

Alain MICHEL

---

[34] Sur l'utilisation des sources par Du Bartas, v. notamment le colloque
organisé en 1986 par J. Dauphiné. Le poète s'inspire surtout d'Ambroise
de Milan et très peu, semble-t-il, de la philosophie médiévale.

LA "MASSE" ET L'"ARTIFICE":
FORMATION DU MONDE
ET FORMALISATION DU DISCOURS
DANS *LA SEPMAINE* DE DU BARTAS

> L'artifice humain ne produit seulement
> Une masse sans ame, un corps sans mouvement[1].

C'est là la manière dont Du Bartas adapte à ses propres visées l'ode à l'ingéniosité humaine chantée par Sophocle dans un chœur d'Antigone:

> ... περιφραδὴς ἀνήρ· κρατεῖ δὲ μηχαναῖς.
> ... l'homme à l'esprit ingénieux: par ses engins il est le maître[2].

La machinerie cosmique et la mécanique physique et animale, qui sont l'œuvre du Grand Mécanicien de l'univers n'ont de sens, pour l'auteur, que comme indices de l'*ingenium* par lequel Dieu manifeste simultanément son omniscience et son omnipotence[3]. L'*ingenium* hu-

---

[1] *La Sepmaine*, VI, 833-834. Les citations reproduisent le texte de l'édition de 1581, retenu par Y. Bellenger, dans son édition de *La Sepmaine*, Paris, Nizet, 1981, 2 vol.

[2] *Antigone*, 347-348.

[3] Sur la notion d'*ingenium* et d'"engin", nous renvoyons à notre étude intitulée "L'imaginaire et la prospective au XVIe siècle: formalisme scientifique et réalisme imaginaire", parue dans les *Cahiers de l'Imagi-*

main (et la maîtrise qu'il donne), miniaturisé à des dimensions microcosmiques, reproduit à l'échelle humaine, l'inventivité et le pouvoir du Maître des Machines. Le travail d'écriture de cet ingénieur spécialisé dans la formalisation du discours, qu'est le poète, reprend à son tour, dans le traitement spécifique de la masse des signes linguistiques, l'acte initial de la formation du monde: faire passer dans un corps indifférencié, par "artifice" ou moyens de l'art, ce qui sert d'âme au corps des mots et de mouvement aux règles fixes du discours[4].

L'auteur du poème demandera donc à l'auteur de l'univers, dont il connaît imparfaitement les prouesses et les ressources en fait de technicité, d'enrichir ses écrits par "un docte artifice" (I,6). Dans ses aspects formels, l'expression mérite attention: "docte" renvoie au savoir, à la masse des connaissances, et "artifice" aux règles de l'art et à l'habileté technique; la position épithétique du savoir le subordonne en fait au savoir-faire,et évoque un art de parler science qui met à son tour en jeu une science (ou une technique) dans l'art de parler. Nous voilà au cœur du problème, celui de l'introduction de la manière dans la matière, ou d'une *maniera* (pour reprendre le terme des théoriciens italiens de l'art) dans le *corpus* des connaissances scientifiques.

La suite de la prière à l'Inspirateur divin, qui ouvre le texte de *La Sepmaine* fournit quelques clés de compré-

---

naire, n° 1, Toulouse, Privat, 1988, p. 37-42, et reproduit dans *Mots et Règles, Jeux et Délires: l'imaginaire verbal au XVIᵉ siècle*, Caen, Paradigme, 1992, p. 19 sqq. Voir également *L'Invention au XVIᵉ siècle*, Bordeaux, P.U.B., 1987.

[4] Sur la notion d'"artifice", notre article: "Artifice imite et diversifie: réflexions sur la morphogenèse de l'œuvre au XVIᵉ siècke", in *Corps Ecrit*, n° 15 (1985), reproduit dans *Mots et Règles /.../, op. cit.*, p. 187 sqq.

hension dans cette opération de modelage du matériau
brut. Il s'agit d'abord de l'outil propre au poète, qu'il
appelle sa "voix" (I,7). Le possesseur de la voix demande
à Dieu de la rendre "faconde" (une qualité que l'on peut
situer, d'après les sens propres du mot au XVIe siècle,
entre l'aisance et l'éloquence)[5] et d'ajouter aux pouvoirs
de la parole ceux de la musique pour faire de son discours
un "chant" (I,8). Du registre acoustique, on passe ensuite
à celui des arts de représentation: il s'agit d'"estaler" (I,9)
les qualités du produit, verbe qui réfère à l'art décoratif
des "étalagistes" et sans doute aussi à celui de la peinture,
qui procède par étalement de coloris. Il s'agit donc d'une
demande d'activation de la technique acquise par l'artisan
du discours, qui prétend, par le renchérissement de ses
qualités propres, au statut d'un artiste. Quant à l'objet du
discours, il n'est pas constitué par une matière brute, mais
par un produit déjà fini, dont les deux qualités maîtresses
sont les "beautez" (I,10), et par ailleurs la grandeur (I,10)
associée à la puissance (I,11) emblématisée par le front
(I,11) qui ajoute à l'idée de puissance physique celle de
l'intelligence. Ainsi, face au producteur de l'œuvre
première, organisateur de la matière, le poète se présente
comme un reproducteur dont l'idéal est de se hausser à la
hauteur de son modèle: la prière est sous-tendue par une
théorie de l'imitation doublement différenciée, en raison
de la différence de statut du producteur et du reproducteur. Ce dernier demande un rehaussement de ses qualités
qui, sans atteindre celles du "patron" ou de l'ouvrier idéal

---

[5] *Facond, e*, adj. dérive de la racine indo-européenne qui a donné *fari*
en latin, et φημί en grec, "parler", et s'est constitué à la manière de
fecundus, venant d'une autre racine. Le sens premier du latin *facundus*
est "disert", et par la suite "éloquent" (Ernout-Meillet). Ces sens sont
maintenus au XVIe siècle, avec une insistance sur le second, alors que
le substantif actuel "faconde" retient surtout le premier.

qu'il admire, tendent à se rapprocher d'elles; et d'autre part une dérivation dans le registre productif, puisque des choses on passe aux signes qui les énoncent, par une procédure de désignation et de signification, qui constitue une construction parallèle, dans le registre des symboles, de l'œuvre première qui se situe dans le registre des réalités.

La beauté et la puissance de l'objet orientent vers une esthétique qui combine les vertus d'une *venustà* raphaelienne et de la *terribilità* michelangelesque[6] Ces termes renvoient à des "manières" qui sont les moyens d'activation des qualités inhérentes à l'objet: il ne s'agit pas de "sortir", comme le fait le créateur premier, une œuvre d'art, mais d'en faire "ressortir" les qualités infuses. L'imitateur n'oublie en aucun cas sa position seconde, celle d'un commentateur, pris au sens strict de com-mentateur, ou d'associé en esprit (*cum mente*), dans le registre des idées et dans un mode d'expression verbale,à l'œuvre du maître, C'est pourquoi la représentation, qui touche au domaine visuel et intellectuel, ne peut être dissociée d'une technique de l'instrumentation vocale et d'un art de la profération. La métamorphose de la voix humaine en chant, par l'intermédiaire de l'abondance et de l'aisance, pour banale qu'elle soit, doit être prise à la lettre. La *venustà* et la *terribilità* sortent du champ visuel, n'évoquent plus tant quelque Vénus sortant des eaux ou le Christ de la Sixtine, mais passent dans le registre acoustique et musical, les sortilèges d'Orphée réglant, selon les besoins, le rythme et l'intensité de son chant à des effets mélodiques (*venustà*) ou symphoniques (*terribilità*). La

---

[6] *Venustà, terribilità*: ces notions sont expliquées et illustrées notamment par André Chastel, *La Crise de la Renaissance*, genève, Skira, 1968, p. 93-104.

parole inspirée suit le mouvement "assurrectionnel"[7], suivant le terme utilisé au XVIe siècle, ou sublimatif, d'une élévation. Sans nommer les Muses paiennes, ces "chanteuses" du banquet des dieux, Du Bartas a choisi leur compagnie, en les intégrant dans la Sainte bande des Vertus divines, pour les mener danser, non "sur le vert tapis d'un rivage écarté", mais dans les prés bleus du ciel, comme le dira un peu plus tard Gongora[8], autour d'un "clair feu"(I, 13), celui du "Dieu de la clarté le plus cler eslisant" (IV,63). Cette manière de porter le mystère en pleine lumière lui permettra d'entonner simultanément son *Chant du monde* et un *Hosannah in excelsis*, en se référant aux arts et aux directions initialement indiquées, l'étalement jusqu'aux limites de l'espace, dans l'ordre de la représentation, et le haussement jusqu'aux portes du Ciel, dans la démarche assurrectionnelle de la voix.

*

La démarche opératoire: œuvrer, signifier, contempler.

Humblement, avant d'être présentée comme la "création" d'un artiste inimitable, le monde apparaît comme le chef-d'œuvre professionnel, dans le sens que revêt ce terme dans le vocabulaire du compagnonnage, d'un artisan. C'est une fabrication élaborée en atelier, aboutissement d'un travail qui place Dieu en position d'ouvrier (I,179); menuisier façonnant "une vis à repos" (I,137),

---

[7] *Assurrectio*: terme utilisé par Charles de Bovelles dans ses *Conclusions théologiques* (1515), et expliqué par Pierre Quillet, "l'Analogie et l'art des opposés selon Ch. de Bovelles", *in Analogie et Connaissance*, Paris, Maloine, 1980, p. 55 sqq.

[8] *Soledades*, I,6.

maçon et charpentier bâtisseur d'une "superbe salle" (I,139), pontonnier établissant une jonction entre deux continents (I,141-142). Toutes ces métaphores convergent pour l'évocation d'un univers-machine qui ferait de son créateur un Dieu-mécanicien. L'importance que revêt la technique dans l'ensemble du XVIe siècle, et son impact sur les arts, n'est plus à démontrer[9]. Le savoir-faire et le vocabulaire des arts "mechanicques" excède les limites de son territoire et donne à l'art un caractère d'exhibition techniciste comme le révèlent les trouvailles arcimboldiennes, les inventions facétieuses ou virtuoses de l'école gênoise, le géométrisme "cubiste" des graveurs allemands, ou la virtuosité dans l'art des micro-représentations de l'art flamand et hollandais[10]. L'"engin" des ingénieurs, qui, comme le dit un proverbe d'époque "fait plus que force", l'*ingenium* élève l'ingéniosité au niveau du génie de l'inventivité technique. L'art de Du Bartas qui s'efforce à reproduire dans le détail les subtils mécanismes et les fins rouages de la machine universelle, est conforme à cet environnement techniciste.

Il existe toutefois une différence entre le chef-d'œuvre du professionnel et le grand-œuvre de la divinité: c'est que le premier se donne à admirer comme tel, ou tout au plus comme une manifestation publicitaire de la technique et du technique, tandis que le second ne se donne pas seulement à voir, mais à entendre comme porteur d'un sens qui excède la pure admiration de sa forme et de son fonctionnement. On est appelé à aller "plus outre": la valeur représentative de l'objet est le tremplin d'une

---

[9] Cf. *L'Invention au XVIe siècle, op. cit.*

[10] On trouvera une documentation iconographique dans Jacques Bousquet, *La Peinture maniériste*, Neuchâtel, Ides et Calendes, 1964, p. 98-108.

réflexion secondaire qui fait d'elle le signifiant premier d'une chaîne de signification à rebondissement multiples. L'objet fabriqué déporte l'attention sur la technique de fabrication, et la technique devient à son tour manifestation d'autre chose, expression d'un sens qu'elle porte en elle, et qui emporte l'esprit au delà d'elle. Deux métaphores nouvelles, appliquées à l'univers, développent cette invite à passer du spectaculaire, qui engendre l'admiration, à la spéculation, qui engendre la compréhension. Il s'agit du monde-théâtre (I,147-150) et du monde-livre (I,150 sqq.). En appariant le dieu créateur à un faiseur de livre, on reste sans doute dans le registre de la fabrication technicienne: un livre est une masse matérielle qu'on appelle le "contenant". Mais le contenu est porteur de signification: la visite des merveilles de l'univers, au delà des charmes d'une promenade touristique, incite à la réflexion et appelle un acte de lecture interprétative. Vers quoi tend le décryptage de la nature conçue comme un livre? Vers la découverte d'un niveau supérieur de la technique:

> Le monde est un grand livre où du souverain maistre
> L'admirable artifice on lit en grosse lettre.
>
> (I,15I-152)

Nous voici élevés, par la technique du descripteur, à l'admiration de ce technicien de rang supérieur qu'est le "souverain maître". Nouveau bond en avant: la compréhension de cette mécanique supérieure nous conduit en cette zone de l'admiration où la raison mécanicienne n'a plus de rôle, si ce n'est comme introductrice à un plus grand plaisir, celui de la "contemplation". Le passage de la compréhension à la contemplation ne peut s'effectuer que par l'entremise de ce qu'on pourrait appeler une nouvelle "instance", qui a nom "la foy", assimilée métaphoriquement à un instrument d'exploration optique de l'invisible:

> Celui qui la Foy reçoit pour ses lunettes /.../
> Comprend le grand moteur de tous ces mouvements,
> Et lit bien plus courant dans ces vieux documens.
> Ainsi donc, esclairé par la foy, je desire /.../
> Pour mieux contempler Dieu, contempler l'univers.
>
> (I,171,173-175, 178)

Si la spéculation nous conduit jusqu'aux marches du palais de l'univers, qu'elle peut gravir dans une logique de continuité, la démarche contemplative nous mène, comme son nom l'indique, jusqu'aux marches du temple, en introduisant dans l'espace la notion de sacré, c'est-à-dire, comme le souligne Mircea Eliade, une rupture qualitative qui suppose un *saltus* de l'intellectualité à la spiritualité[11]. Dans cette nature devenue temple, l'homme passe au milieu d'objets familiers, qui appellent des significations nouvelles, et se mettent à faire entendre, dans des murmures de forêt de symboles perceptibles à la foi, de longs échos qui se répondent en une lumineuse unité: le génie technicien de la petite âme humaine est mis face à face avec son Maître. Le parcours initiatique est terminé.

Ainsi le traitement de la matière textuelle se développe suivant une technique qui suppose successivement un travail de laboratoire — colliger le matériau et l'exhiber par ordre, art de collectionneur et d'ordonnateur — , puis une méthode opératoire — un art de le lire, de l'interpréter et de lui faire rendre ses sens — , en faisant de ces objets donnés à voir des signes pour entendre, enfin une

---

[11] *Le Sacré et le Profane*, t.f. Paris, Gallimard, 1965, p. 21 sqq.

activité d'oratoire, qui fait passer le déchiffreur au stade de contemplateur, tout déchiffrement étant effectué. C'est un parcours d'alchimie spirituelle, où, dans tous ces états, le parcoureur se trouve lui-même transmué: laborieux comme son dieu ouvrier, opérateur et assembleur d'idées — faiseur d'un livre — comme son dieu omniscient, et recevant en récompense après cette pensée un long regard sur le calme de Dieu: la contemplation. Opérant, ordonnant, rayonnant, l'œuvre étant accomplie.

> L'art si vivement exprime la nature
> Que le peintre se perd en sa propre peinture:
> N'en pouvant tirer l'œil, d'autant qu'où plus avant
> Il contemple son œuvre, il se void plus savant.
>   Ainsi ce grand ouvrier /.../
> Ayant ces jours passez d'un soin non-soucieux,
> D'un labeur sans labeur, d'un travail gracieux /.../
> Se repose ce Jour, s'admire en son ouvrage,
> Et son œil, qui n'a point pour un temps autre objet,
> Reçoit l'esperé fruict d'un si brave projet.
>   (VII,41-45, 50-52)

Parcours parallèles du peintre œuvrant et du Dieu ouvrier, qui, en fin de parcours, s'autorisent le plaisir d'un regard, par lequel l'œuvre et l'ouvrier expriment leur consubstantialité, ainsi qu'en termes presque semblables le dira Montaigne[12].

---

[12] *Essais*, II, 18, éd. Villey-Saulnier, p. 665. la notion de "consubstantialité" a des résonances théologiques: elle désigne un type de rapport défini entre les personnes de la Trinité chrétienne. La notion de "consubstantiation" a été utilisée pour définir la doctrine de la présence réelle chez Luther, développée par Calvin (*Opuscules*, Genève, 1566, p. 179 sqq.), qui distingue la réalité de la matérialité. Cette distinction reçoit un emploi pertinent chez Du Bartas, pour concevoir les rapports de Dieu à l'univers (la présence de Dieu au monde est réelle, mais ne

Technè: faire et faire voir, une rhétorique de la visualité.

Lorsque l'objectif d'un auteur est de faire voir, la nature de l'objet donné à voir influence la nature de son faire. Le schéma de construction de *La Sepmaine* reprend celui de la *Genèse*, dont il reproduit la division septénaire, et la subdivision ternaire: création et ordonnancement de la matière, création de la vie et classification des êtres animés, retour au sujet créateur dans le repos du dernier jour comme marque de "consubstantialité" de l'œuvre et de l'ouvrier. Le recensement des créatures obéit à un désir d'ordre qui caractérise l'exposition des connaissances dans les bestiaires et plantaires contemporains: il s'agit de la mise en œuvre d'un principe de regroupement sériel, qui se retrouve dans la plupart des modes taxinomiques utilisés pour les collections, les constructions collectives, les galeries d'exposition et les traités encyclopédiques ou poétiques[13].

On retrouve dans *La Sepmaine* le même principe de sériation. Mais l'auteur, dans un souci qui dépasse le pur exposé pédagogique, se livre à des exercices d'esthétisa-

---

se confond pas avec la matérialité de l'univers): l'univers porte en lui la réalité d'une Parole. Il en est de même pour la matérialité du texte et l'insertion du sens, qui reproduisent, au second degré, la même procédure.

[13] Nous renvoyons à "l'imitation sans limitation: réflexions sur les rapports entre technique et esthétique de la multiplication dans la création maniériste", in *Mots et Règles /.../, op. cit.,* p. 147 sqq. et "Taxinomie et poétique: compositions sérielles et constructions d'ensembles dans la création esthétique en France au XVIe siècle", *ibid.,* p. 171 sqq.

tion[14] qui sont en même temps des tentatives d'intégra-
tion d'un ordre vital. Le savoir encyclopédique n'est pas
donné à lire comme un rassemblement dont les lignes et
les colonnes seraient le seul principe organisateur. Le
catalogue devient frise ou suite de tapisseries réunies sur
des motifs thématiques. La taxinomie élémentaire des
espèces est présentée en "mouvement", et le catalogage se
double d'une sorte de "marche à suivre", qui ajoute au
recensement sur fiche le caractère mouvant, accéléré,
ralenti, avec ses pauses et ses retours, d'une visite de
galerie d'art. Tous les objets exhibés ne méritent pas la
même attention. Ainsi la visite de ce musée zoologique
qu'est le sixième jour part lentement, s'attarde sur un
groupe sculptural qui met aux prises deux "pièces" de
choix du musée animalier, l'Eléphant et le Dragon, puis
s'accélère, et les noms défilent lorsque ce sont des pièces
de moindre choix, pour se ralentir à nouveau vers la fin
pour le détaillage d'une œuvre exceptionnelle — le Lion
— avant un arrêt (souligné par le blanc du texte), qui fait
passer dans une autre salle, où se trouve exposé le chef-
d'œuvre de la galerie: l'homme. Le rythme mouvant,
parfois discontinu, de la description introduit autant de
variations musicales, qui rythment la marche selon la
nature des objets présentés, comme les mouvements d'un
poème symphonique ou d'une rhapsodie qui pourrait
s'appeler *Tableaux d'une exposition*.

La répartition thématique et l'organisation sérielle sont
les bases d'un art de l'espace qui fait du dictionnaire
encyclopédique — la masse — un musée organisé, avec

---

[14] Bruno Braunrot: "la poétisation de la matière encyclopédique"; James
Dauphiné: "l'encyclopédisme poétique de Du Bartas", in *Du Bartas,
poète encyclopédique du XVIe siècle*, Lyon, La Manufacture, 1988,
p. 77-91 et 121-130.

ses salles, ses galeries spécialisées où les objets, par leur regroupement, révèlent leurs affinités de nature, leur parenté. La création se donne à voir non comme un bloc, mais comme un arbre généalogique, avec ses racines élémentaires, son revêtement végétal et animal, ses embranchements d'espèces, et son faîte sidéral. L'"artifice" de l'organisateur rejoint un ordre de la nature qui est elle-même un chef-d'œuvre d'artifice du Grand Maître de l'Ingénierie naturelle. Il reste une différence essentielle: c'est que le créateur des choses procède par action simultanée de la profération et de l'exécution: Dieu dit, et de ce fait les choses sont. Pour le poète, qui ne dispose que de mots, il ne suffit pas de dire pour représenter. Le passage des mots aux choses suppose un art de la parole, un ordre des mots sans lequel nul compte ne peut être rendu de l'ordre des choses. Agissant sur un matériau de signes, qui n'obéissent pas à n'importe quelle injonction, l'écrivain règle l'ordre de son discours suivant un ensemble d'artifices qui s'appelle la rhétorique. La profération divine rend immédiatement effective la puissance des mots; la profération humaine n'entraîne la représentation des choses que par des "effets" dont l'effectivité représentative est subordonnée à une efficacité littéraire[15]: faire des "effets" qui ne sortent de l'ordre des mots que par extrapolation imaginaire, cette "force de l'imagination" qui nous fait prendre le mot pour la chose, alors qu'elle n'en manie qu'un "phantaume" symbolique.

Nous n'envisagerons pas l'étude de la rhétorique dans l'ensemble de ses aspects, mais dans cette seule fonction de transcription de la sensation visuelle en expression verbale, procédure qui ressortit à un effet de déplacement

---

[15] "Une architexture fixionnelle", in *Mots et Règles /.../, op. cit.*, p. 271 sqq.

de la représentation à la symbolisation, et par conséquent à un transcodage qui nous amènera à recourir au vocabulaire des techniques utilisées dans les arts visuels. On connaît les difficultés de cette méthode, qui sont liées à l'imperméabilité des codes, et interdisent toute identification de procédés et de figures: on ne pourra donc parler que par analogie ou tout au plus par superposition, suivant le procédé utilisé dans les arts visuels (iconographie et cinématographie) et identifié sous le nom (emprunté à la rhétorique) de "métaphore".

La rhétorique de la visualité consiste, en ses principes, à définir le "point de vue" ou l'angle d'observation à partir duquel l'objet est considéré. Le procédé dit de *travelling* latéral trouve son équivalent, dans le texte de *La Sepmaine*, sous la forme de listes ou de colonnes de mots qui défilent, en processions ordonnées, à égale distance du lieu d'observation:

> Le Hirable cornu, le Chameau trouble-rive,
> Voysinent l'Elephant; et non loin d'eux arrive
> Le superbe Toreau, l'Asne laborieux,
> Le Cheval corne-pied /.../ (VI,81-84).

L'image du cheval suscite une variation de postures, mais une invariabilité de sa nature soulignée par un effet de rhétorique répétitive, qui n'altère pas l'équidistance de point d'observation de chacune de ces vignettes:

> Tel suit, non attaché, l'escuyer qui le dompte:
> Tel plie le genou quand son maistre le monte:
> Tel court sur les espics sans plier leurs tuyaux:
> Tel sans mouiller ses pieds voltige sur les eaux (VI,89-92).

Le *travelling avant* ou *zoom* consiste à faire mouvoir le point d'observation (ou à modifier l'aire de focalisation) de manière à donner l'illusion d'un rapprochement de l'objet, d'abord perçu dans son environnement, puis dans son ensemble, puis dans ses parties, selon des plans de plus en plus détaillés. Ainsi le champ étoilé, sujet de descriptif du quatrième jour, réduit son aire à l'espace zodiacal, puis à chaque signe du zodiaque, puis à chacune des composantes stellaires du signe (IV,172-286). A ces mouvements élémentaires du point d'observation, Du Bartas en ajoute d'autres, comme le "balayage", qui consiste à opérer une rotation, ou à faire mouvoir l'objet sur un plan circulaire autour de l'observateur, pour créer des effets panoramiques comme celui-ci:

> Il s'esgaye tantost à contempler la course
> Des cieux glissans autour de la Croix et de l'Ourse.
> (VII,69-70)

Une technique particulière de variation du point de vue consiste à produire une vision en relief de l'objet par effet stéréoscopique, ou convergence en un seul lieu des regards placés en deux lieux d'observation séparés. Au début du quatrième jour, on a affaire à un procédé rhétorique de ce type, que l'on pourrait appeler un effet de "stéréoscopie culturelle". La carte du ciel nous est expliquée sous le double regard de la cosmologie hébraïque, puis de la cosmologie grecque. L'auteur s'installe sur les bords du Jourdain (IV,3), puis sur les flancs du Parnasse (IV,21), sous la protection du Prophète Elie, puis sous celle des Muses, pour faire converger deux séries lexicales, empruntées à des cultures différentes, pour évoquer le même objet, dont le relief est ainsi mieux perçu. Mais le procédé le plus expressif pour rendre compte de la profondeur ou de l'épaisseur est celui de la superposition d'images, appelée "métaphore", qui trouve son usage aussi bien dans les arts de représentation visuelle que dans ceux de symbolisation linguistique. La métaphore est un procédé stéréoscopique qui associe à la convergence spatiale une convergence attributive. Le métaphorisant et le métaphorisé amalgament leurs attributs pour la constitution d'un complexe optique dont la dualité originelle est perçue dans son unité terminale. La métaphore littéraire est un procédé de stéréographie qui consiste à associer dans un complexe verbal unique, perçu globalement, le contenu de deux termes empruntés à des aires lexicales logiquement séparées. La métaphore d'habillement qui accompagne la description du zodiaque en fait une sorte de vitrine de haute couture, ou l'étal de quelque marchand de Venise, riche en soieries et damasseries:

> Ce cercle, honneur du ciel, ce baudrier orangé,
> Chamarré de rubis, de fil d'argent frangé,
> Bouclé de bagues d'or /.../.

(IV,199-201)

On pourrait multiplier ce type de superposition métaphorique: ainsi pour l'univers-bâtiment décrit en termes de maçonnerie, avec ses "estages", ses "murs" (I,105-107), ou dans le vocabulaire de construction navale (I,205-222).

La rhétorique de la visualité détermine un choix de figures destinées à rendre compte de l'organisation spatiale et de l'agencement des formes.Il s'agit de la prise en compte du rapport de proportionnalité entre les éléments de la figure et de leur disposition (terme qui est à la fois spatial et rhétorique). La proportionnalité est l'un des concepts majeurs des ingénieurs et des artistes de la Renaissance: les ouvrages de Pacioli, de Dürer sur les proportions du corps, de Geoffroy Tory[16] sur les proportions des lettres, sont mus par l'idée que l'harmonie du monde est à base mathématique: une proportion idéale, que certains appellent le nombre d'or, et que d'autres, plus ingénieusement curieux, s'efforcent de découvrir dans des figures comme "la chaîne d'or homérique", le "flageol de Virgile", le "rameau de sapience" ou dans les rapports numériques extraits des lettres de la Bible, serait en quelque sorte l'inscription, gravée dans les formes, de la perfection divine, le chiffre et la griffe de Dieu. Les recherches d'harmonie présentes dans *La Sepmaine* n'ont pas ce caractère de recherche ésotérique: elles sont plus simplement manifestées par l'usage de quelques termes choisis comme "reglez" ou "compassez", qui renvoient à l'art des géomètres et des architectes[17]. L'accent est mis sur le rapport entre l'objet géométrisé et la démarche géométrisée du discours. Cependant l'évolution esthétique du siècle montre un déplacement progressif des règles de l'harmonie qui définissent la beauté. Insistance est mise sur une autre forme d'émotion esthétique, non plus le sentiment de plénitude face à la perfection, mais la stupéfaction devant la "merveille", qui affirme son identité par sa singularité[18]. La figure rhétorique qui sera alors utilisée pour rendre cet écart qui fait de la merveille une "énormité", une situation hors des normes, est ici l'hyperbole, qui va aussi bien dans le sens de la grandeur que de la microscopie, et s'apparente au procédé d'anamorphose

---

[16] Luca Pacioli, *De Divina Proportione* (1496); Albrecht Dürer, *Vier Bücher von menschlichen Proportion* (1528); Geoffroy Tory, *Champ Fleury, ou de la Vraye Propostion des Lettres /.../*, (1529).

[17] A.B. Creore: "The Scientifical and Technical Vocabulary of Du Bartas", in *Bibliothèque d'Humanisme et Renaissance*, 1959, p. 131-160.

[18] Jean Céard, *La Nature et les prodiges: l'insolite au XVIe siècle en France*, Genève, Droz, 1977.

dans les arts de représentation. Quant à la stupéfaction, elle se manifeste le plus souvent par l'expression d'un arrêt de la capacité de discourir:

> Las! Voici venir un felon exercite
> D'animaux indomtez, de qui l'affreux regard,
> L'espouventable voix et le maintien hagard
> Prive de sens mes sens, retient ma voix contrainte
>   (VI,274-277).

La nature se fait vitrine de "monstres, prodiges, et merveilles", et le discours, enflé d'adjectifs hyperboliques, se tend au point de briser l'instrument du discoureur. Ce *far stupir*, qui s'opère par des effets de style, a pour objectif final d'exprimer non une harmonie, mais une rupture. L'esthétique de la merveille est une démonstration de l'existence de la transcendance: la rupture (exprimée par l'arrêt du discours) ne va pas dans le sens d'une irrationalité, mais d'une suprarationalité qui est la conclusion dernière de l'acte de raison, dans la découverte d'une surnature, qui n'est pas anti-nature, mais la marque de l'écart entre l'esprit de Dieu, capable de se montrer dans les normes comme hors des normes, et l'esprit de l'homme, qui ne peut que béer d'admiration face à la perfection et de stupéfaction face à l'énormité. Quand le livre des créatures devient bestiaire fantastique, quand l'édifice naturel se revêt de gargouilles et de chimères, l'objectif n'est pas de dénoncer l'arrivée du désordre, mais de faire admirer un désordre qui reste, en toute occurrence, un effet de l'art, en soulignant la "disproportion" entre l'ingéniosité de l'homme et celle de Dieu, qui "passe" (c'est à dessein que nous utilisons des termes pascaliens) tout ce que pourrait inventer l'"engin" humain[19].

Cette évolution esthétique du siècle, qui recèle une évolution des rapports de l'homme à son environnement, est sensible dans *La Sepmaine* par l'usage qui est fait de tous les procédés de renchérissement. Nous avons évoqué le fondement géométrique des compositions de la Renaissance par la mise en valeur d'une proportionnalité élaborée, intuition réduite aux capacités de l'homme de la "divine proportion". Mais il suffit de renforcer le géométrisme des figures pour remettre en cause l'harmonie ainsi obtenue. Les compositions à angles aigus, à symétries renforcées, en insistant sur les effets de l'art, détruisent l'apparence de naturel qui consiste au contraire à dérober aux regards le rôle de la technique. Cette déviation se manifeste rhétoriquement par le passage du "balancement" de vers équilibrés, à l'usage, répété dans *La Sepmaine,* des *versus rapportati* qui multiplient les cloisonnements et les symétries dans des vers parallèles:

> Que le noble, le fort, l'opulent et le docte
> Soit comme roturier, debile, poure, indocte
>
> (VII,494-495)

ou parfois dans le même vers :

---

[19] La conception calviniste (et pascalienne) de la transcendance amplifiée nous paraît en effet devoir s'appliquer aussi à la conception que se fait Du Bartas de l'intelligence mécanicienne de la divinité, qui ne saurait donc être le dieu-horloger des Philosophes du XVIIIe siècle, dont l'anthropomorphisme, malgré les apparences, me paraît sur ce point beaucoup plus marqué. Le "mécanisme transcendantal" de Du Bartas, procédant par sauts et ruptures, me paraît annoncer une conception "baroque", en étages séparés.

Pourris, bruslez, espars, de l'eau, du chaud, du vent.

(III,712)

La figure circulaire est un élément constitutif de la perfection géométrique (on en trouve de multiples exemples dans *La Sepmaine*), mais son renforcement détermine des effets de *linea serpentina* qui ressortissent à une tout autre esthétique, celle qui, sur le modèle du *Laocoon et ses fils* découvert à Rome, tord en flammes les corps de Tintoret et les groupes de Greco. *La Sepmaine* en comporte des exemples comme celui-ci:

/Le Dragon/ De son corps renoué, sanglant de telle sorte
Le corps de l'Elephant, que l'Elephant ne peut
Branslant, de despestrer des plis d'un si fort nœud;
  /.../ d'un pas viste il s'aproche
Ou d'un tige noueux ou d'une ferme roche /.../.
A ce coup le Dragon promptement se deslasse
Du corps de l'Elephant, glisse en bas et r'enlasse
De tant de nœuds estroits ses jambes de devant,
Qu'il ne peut, entravé, se porter plus avant.

(VI,54-64)

Albert Dürer, qui est l'auteur d'un traité des proportions du corps, a également dessiné, sur les murs de la cathédrale de Vienne, des nœuds labyrinthiques inexpliqués, et des forêts aux rameaux entrelacés. En passant de l'esthétique de l'harmonie proportionnée à celle de la merveille et de l'insolite, c'est le rapport de l'homme au monde qui est mis en jeu, et sa psychologie. Cet art propose une stimulation de la curiosité, un appel à déchiffrer l'univers comme énigme, et non plus une exaltation de la rationalité, destinée à provoquer la plénitude d'une satisfaction dans l'harmonie universelle[20].

*

Le livre et le temple: du déchiffrement à la contemplation.

Le parcours effectué par le montreur de l'œuvre divine — cet ouvrier au second degré — va à l'inverse du parcours effectué par Dieu, qui manifeste son esprit par le Verbe qui se fait Chair. Le poète, représentant la masse matérielle du monde, la verbalise pour en faire ressortir l'esprit qui l'anime. La représentation, par voie verbale, de la nature a une finalité externe: l'énoncé de sa signification. L'écrivain, qui se fait imagier, est tenu, par la nature de son parcours, de s'en faire l'interprète. L'originalité essentielle de la démarche est de faire ressortir que l'œuvre n'est qu'un produit, et que ce qui lui donne valeur est la nature du travail effectué par le producteur. Le transfert des valeurs de l'objet au sujet, perçu comme moteur agissant et opérant, évite à la fois les écueils d'un panthéisme qui divinise la nature, et d'un matérialisme qui en fait un marteau sans maître. Ainsi l'œuvre ne se fait pas admirer pour elle-même, mais véhicule un premier message, celui de la dignité ouvrière de son producteur[21]. Derrière ce premier message, un autre se profile, qui est celui de la souveraine Dignité de Dieu, saisie non plus dans son œuvre, mais dans son Etre

---

[20] Gustav René Hocke, *Die Welt als Labyrinth*, Hamburg, 1957; t. f. *Le Labyrinthe de l'art fantastique: le maniérisme dans l'art européen*, Paris, Denoël-Gonthier, 1967.

[21] Philippe Desan, "«Un labeur sans labeur»: le travail divin dans *La Sepmaine* de Du Bartas", in *Du Bartas (1590-1990)*, Mont-de-Marsan, éd. Inter-Universitaires, 1992, p. 371-393.

même. La communication à l'Etre ne peut se faire par voie verbale:c 'est le sens de la contemplation, "assurrection" ultime du regard, éclairé non par la raison, mais par "la foi".

L'admiration, provoquée par un excès de clarté rationnelle dans l'explication du livre des créatures, cède la place à une adoration devant l'auteur de l'acte de création:

> Aux rais de ce soleil ma veue s'esblouit,
> En si profonds discours mon sens s'esvanouit:
> De mon entendement tout le fil se rebouche,
> Et les mots à tous coups tarissent dans ma bouche.
>
> (I,93-96)

Mais pour en arriver en ce point, il était nécessaire de parcourir d'abord la logique aristotélicienne des enchaînements causatifs: tout fait est un effet qui de l'effectuation à l'effectuant, conduit à un moteur premier[22]. Arrivée là, la logique du sens se transforme et obéit à une logique des sentiments qui n'en est pas la négation, mais l'accomplissement. L'évanouissement des mots ne récuse en aucune manière leur usage antérieur: il en scelle l'épanouissement. Le silence dans lequel s'effectue le regard ultime est comme la complétude d'un discours qui n'a plus rien à dire parce qu'il trouve tout dans le même instant. Le regard initial appelait la parole pour en dire le contenu. Le regard terminal la récuse parce qu'il n'a plus besoin de sa médiation. Le peintre:

---

[22] L'utilisation de la "dialectique humaniste" dans l'œuvre de Du Bartas a été étudiée par Jan Miernowski, *Dialectique et connaissance /.../, op. cit.*, surtout p. 98 sqq. et notamment p. 109.

> Oublie ses travaux, rit d'aise en son courage,
> Et tient tousjours ses yeux collez sur son ouvrage.
>
> (VII,5-6)

Dieu de même, au terme de sa laborieuse semaine:

> Se repose ce Jour, s'admire en son ouvrage,
> Et son œil, qui n'a point pour un temps autre objet,
> Reçoit l'esperé fruit d'un si brave projet.
>
> (VII,50-52)

Et le poète, de même, au terme de sa laborieuse semaine, est autorisé à contempler sans effort ce qu'il a après tant d'efforts et de travaux recherché. Car cette joie n'est pas immédiatement donnée: elle apparaît comme récompense d'un travail. L'idéal "ouvrier" qui est celui de l'auteur trouve sa pleine justification. La contemplation de la divinité n'est pas gratuite: il faut d'abord essayer de la voir à travers ses œuvres, puis de la concevoir par un travail de l'intellect:

> Je ne pense onc en Dieu, sans en Dieu concevoir
> Justice, Soin, Conseil, Amour, Bonté, Pouvoir.
>
> (VII, 107-108)

Mais si le travail du regard et de l'intelligence humaine permet de rendre compte, sous forme imagée ou conceptuelle, de la nature divine, celle-ci ne se laisse prendre en compte que par un au-delà de ces activités[23]. L'imaginaire procède alors par superposition métaphorique et

---

[23] Josiane Rieu, "le sentiment religieux chez Du Bartas", in *Du Bartas (1590-1990), op. cit.*, p. 317-334.

recouvre les concepts d'images de lumière et de transparence :

> Il voit cler à minuit. Les goufres plus profonds
> Luy sont guez de Christal, et son œil de Lyncée
> Descouvre la pensée avant qu'estre pensée.
>
> (VII,174-176)

Cet éblouissement est aussi le terme du parcours poétique qui est parallèlement un *Pilgrim's Progress*. Averroès disait qu'il y avait une sorte de béatitude à contempler un beau raisonnement. Nous sommes induits à imaginer cette béatitude, long regard sur le calme des dieux. Il s'agit d'un repos, d'une dégustation de plénitude. Il ne s'agit pas d'un transport. L'âme n'est pas emportée, à la manière des *alumbrados* comme en produit l'Espagne à la même époque, emportant parfois avec elle le corps en état de lévitation, ni même à la manière dont son coreligionnaire Agrippa d'Aubigné — mû par un autre tempérament — achèvera son œuvre:

> Encor tout esbloui,en raisons je me fonde
> Pour de mon âme voir la grand'âme du monde /.../.
> Mes sens n'ont plus de sens, l'esprit de moi s'envole
> Le cœur ravi se taist, ma bouche est sans parole[24].

L'état de contemplation que propose Du Bartas n'a rien d'une envolée: c'est un repos. Si la bouche se tait, c'est parce qu'on fait un nœud au fil du discours, qu'on met un point final à la dernière phrase, tout étant accompli. Le temps s'arrête, la nef s'immobilise. C'est tout le contraire d'une extase, d'un envol. C'est une "enstase", un temps

---

[24] *Les Tragiques*, VII, 1211-1212, 1214-1215.

d'arrêt où, sans bouger, tout est sensible, en son tout, tout est lisible, en tous les sens:

> Sus donq, Muses, à bord, jettons, ô chere bande,
> L'anchre arreste-navire: attachons la commande.
> Ici ja tout nous rit: ici nul vent ne bat.
>
> (VII, 713-715)

Cette mystique est très particulière. Ce n'est pas le divin tourbillon qui saisit les âmes et transforme par torsion des formes leur tourment en ascension, comme dans les dernieres œuvres du Greco; ce n'est pas la fuite éperdue des choses dont la disparition prépare la réintégration de tout dans le giron des origines, ainsi que s'achèvent *Les Tragiques*. C'est, paradoxalement, à d'autres textes que l'on pense, comme celui-ci qui n'a que quelques années de retard sur *La Sepmaine*: "/l'âme/mesure combien c'est qu'elle doibt à Dieu d'estre en repos /.../; où qu'elle jette sa veuë, le ciel est calme autour d'elle: nul desir, nulle crainte ou doubte qui luy trouble l'air"[25].

Ou celui-ci, qui en a plus, mais exprime toujours la même heureuse et parfaite "contemplation":

> Tout est doux, calme, heureux, apaisé: Dieu regarde
> (V. Hugo, *les Contemplations*)[26].

Au septième jour de *La Sepmaine*, le contemplateur, calme, heureux, apaisé, regarde Dieu qui sourit.

*

---

[25] *Essais*, III, 13, éd. cit., p. 1112.
[26] VI, 10 "Eclaircie".

La formalisation du discours chez Du Bartas, dans ses rapports avec son objet de discours, la formation du monde, permet de poser le problème de la situation esthétique de l'œuvre. Il s'agit de situation, et non d'identification ou de qualification. C'est pourquoi nous n'avons à aucun moment utilisé les mots de "maniérisme" ou de "maniériste". C'est qu'aucune œuvre ne peut tenir dans un substantif ou dans un adjectif. On ne peut extrapoler à l'ensemble d'un texte des attributs qui lui sont passagers ou circonstanciels. On ne peut pas non plus éluder la question du rattachement de l'œuvre aux tendances esthétiques de l'époque. C'est ce qui nous a guidé.

L'importance attachée à la technique est à mettre en rapport avec le déploiement de technicité, poussé jusqu'à la virtuosité, qui caractérise l'œuvre maniériste. Mais le maniérisme se referme sur l'exhibition technique. Les étalages de Du Bartas ne sauraient se réduire à des vitrines d'objets rares ou luxueux: leur fin, au delà de l'ostentation de leur propre nature, est de faire découvrir l'ingéniosité de l'artisan qui les a créés. L'exhibition maniériste débouche sur un choix idéologique qui prône la valeur du travail et de la technique[27].

Les maniéristes se présentent comme des suiveurs[28]. Ils se réfèrent à des maîtres ou à des modèles esthétiques dont ils disent suivre les traces. Du Bartas se réfère également à ces modèles et parle à l'ombre d'autres textes — dont le plus prestigieux est le texte biblique dont il s'inspire, et derrière lui les commentaires suscités par ce

---

[27] "L'idée, l'objet, la main: mode de production de l'œuvre maniériste", in *Mots et Règles, op. cit.*, p. 161 sqq.
[28] Nous reprenons dans ces paragraphes quelques idées déjà exprimées dans *Le Maniérisme*, Paris, P.U.F., 1979.

texte premier — , *Hexamera* et encyclopédies, compilations et traités techniques. Mais ces modèles ont eux-mêmes pour modèle la "vérité" lorsqu'il s'agit de la Bible, ou la nature lorsqu'il s'agit de relevés de connaissances. L'œuvre d'art sert donc d'intermédiaire comme autant de médiations entre l'homme et le réel.

Le maniérisme est un art de l'éclatement, de la désintégration du sujet en parties dissociées. Le centre se vide, et les vides se peuplent d'excroissances secondairement formées sur ces évidements. L'orientation microscopique de la description chez Du Bartas aboutit souvent aux mêmes effets: le sujet initial est perdu de vue dans sa globalité, et la plume trace un chemin de fourmi dans une sorte d'univers autre, fait d'un espace miniaturisé et saturé de formes. Il y a dans cette œuvre une attraction esthétique de l'infime qui en fait le pendant littéraire des "natures mortes" de l'école flamande contemporaine — telle coupe à la couronne de fleurs où Jan Bruegel associe fleurs et bijoux, objets d'optique et art du design (*disegno*, disait-on en cette époque) qu'il reproduit dans leurs plus infimes pétales ou reflets — [29].

L'œuvre de Du Bartas appartient au maniérisme comme manifestation singulière dans un environnement esthétique global diversifié. On pourrait tout aussi bien dire qu'elle appartient à l'art renaissant, dont elle se singularise par des écarts. Dans l'univers de maniérisation qui caractérise son époque, il introduit sa manière à lui, ce qui est une façon de se différencier et en même temps de renchérir. Son œuvre est faite d'un "accord discordant" de tendances traditionelles et de techniques qui ne sont novatrices que par l'usage hyperbolique qu'il en fait.

---

[29] Reproduction dans Jacques Bousquet, *La peinture maniériste, op. cit.*, p. 22.

Cette *maniera* là est le symétrique et l'antithèse d'un autre œuvre, à peine plus tardive ,que l'on pourrait de la même manière mettre en situation dans son environnement esthétique et idéologique. Il s'agit de "l'Apologie de Raimond Sebond", ce prolongement de la *Théologie naturelle* qui sous prétexte de renchérissement en distord totalement la finalité. L'œuvre de Du Bartas ne procède pas par distorsion, mais par hyperbolisation et exploitation adéquate de l'idée reçue. C'est une autre manière d'exprimer sa manière propre, ces deux manières-là constituant des variantes — exemplaires dans leur variations — du maniérisme formel et intellectuel de leur époque.

Claude-Gilbert DUBOIS

LES MÉTAPHORES D'UN DIEU SANS NOM

Les voies du narratif entraînent Du Bartas dans les modes périlleux de l'illustration théologique: en même temps qu'il lui faut respecter les *loci communes theologici* — et il le fait scrupuleusement — le simple fait de dire comme une successsion (nécessité textuelle) ce que les *loci* sont prêts à dire comme une simultanéité, l'entraîne à faire un "héros" narratif de ce Dieu Origine, avec des attributs, des actes, des événements. Il sait parfaitement ce qu'on peut dire de cet anthropomorphisme (c'est aussi un lieu commun que de le dévaluer tout en l'adoptant), et le *Brief advertissement* final le montre bien. Mais la marge littéraire que crée la liberté de disposer comme l'on veut ces *loci,* et au sein d'un répertoire sans surprise d'adopter telle ou telle dominante ou telle exclusion, fait du personnage divin, de texte à texte, un personnage différent, quand bien même le réflexe d'orthodoxie jurerait qu'il s'agit d'un même et unique référent, Dieu, composé au demeurant des mêmes intertextes.

Nous allons donc interroger, sans mettre en doute une minute l'orthodoxie de la confession, ces variables de la poétique et le personnage divin, "raconté" dans ses œuvres de *La Sepmaine* créatrice[1].

---

[1] Uniquement dans *La première Sepmaine*: rien n'exclut que la seconde amorce un "personnage" différent, Providence et "geste" humaine prédominant.

Une première série de réflexions portera d'abord sur la nomination et la designation directe. Le nom divin, ce nom mystérieux, n'est évoqué qu'une seule fois dans *La Sepmaine,* encore son invocation est-elle l'arme du "faux prophete" qui

> "se targue en temps et lieu,
> Pour tromper l'auditeur, du sacré nom de Dieu."
>
> (III, 788).

Le Poète de la Création ne rêve donc pas sur le secret, ni sur l'usage bénéfique ou mystique du nom, ni sur l'assimilation du Nom au Fils créateur. Ces thèmes courants ne sont même pas abordés, peut-être en relation avec le fait que la Bible ne présente ce Nom divin que dans les révélations faites à Moïse. En l'attente de son dévoilement volontaire à une créature élue, Dieu n'a pour désignation que ce qui n'est pas un nom propre, tout au plus une essence.

La masse des représentation se fait autour du très banal terme *Dieu* (34+19+14+5+2+10+24 = 100) subsidiairement complété de prédicats[2] insistant sur la puissance (*grand Dieu*: 2+1+2+2+4+1+5 = 171, sur l'unicité: *Dieu sans pair* I, 272, *sans compagnon* I, 721). Fort peu de possessifs (*nostre Dieu* VII, 131) et parfois référés aux créatures non humaines (*ton Dieu* en IV désigne le Dieu du soleil) et peu de douceur affective: *bon Dieu* n'apparaît que trois fois (III, 647; VI, 179, 875).

---

[2] grand Dieu: I, 9, 107; II, 29; III, 391, 494; IV. 474, 486; V, 21, 107, 861, 878; VII, 142, 237, 266, 486, 489; notre grand Dieu: VI, 437; le grand Dieu du ciel: II, 779; le grand Dieu vivant: II, 195; le Dieu Souverain; I, 59; le grand Dieu sans pair: I, 272; le Dieu sans compagnon: I, 725.

Les formules également classiques de *Seigneur* (II, 842, IV, 750 et VI, 179), *Tout-Puissant* (II, 45, 979; III, 34, 277, 756; IV, 505; VI, 225, 555, 591, 596, 604, 967; VII, 205, 311, 39O) sont dominées par *l'Eternel* (4+9+2+ 1+3+4+4 = 27)[3] La répartition des différentes désignations montre des basculements dans le poème: une sorte de "creux" dans les Troisième, Quatrième et Cinquième Jours, comme un retrait de la présence, intense à l'origine puis au moment crucial de la Création de l'homme, comme un flux et un reflux divin, ramenant Dieu à la plénitude récapitulative de son repos, image du flux et reflux qui entre deux règnes divins permet à l'Histoire de se dérouler. Subsidiairement l'Eternité caractéristique en particulier du Second Jour est relayée par les mentions de puissance.

Loci communes obligent, la liste des adjectifs positifs (*pur, sage, juste, bon, tout puissant, tout sage*, I 27 sq) par où les vertus en termes humains définissent celui qui est "*De sagesse et pouvoir l'inépuisable source*" (I,407) est plus courte que la liste des désignations négatives: Dieu au delà des mots est inaccessible: incompris, infini, immuable, impassible, invisible, tout esprit, tout lumière, immortel (I, 27 sq). Termes neutres et connaissance voilée sont caractéristiques de cette première approche du personnage divin, d'autant que Du Bartas ne cherche pas à en mettre en valeur les termes: hors des apostrophes (début de vers), il ne cherche ni effet de rimes, ni effet de martèlement. La poétique ne passe décidement pas par la référence directe. D'autre part, prière ou pas, actes ou exposés, l'affectivité est à un stade d'expression minima-

---

[3] Eternel: I, 194, 380, 661, 736; II, 152, 262, 337, 541, 805, 834, 1068, 1044; III, 151, 543; IV. 472; V, 25, 65, 602; VI, 419, 625, 925, 1013; VII, 229, 385, 482, 679.

le: nous entendrons parler en termes vifs de l'amour de Dieu pour sa créature (VII, 97-98), alors qu'au stade de la description de la *Genèse*, l'amour de la créature pour son Dieu trouve peu de place. Ni pathos, ni tendresse, ni terreur sacrée...

Dieu possède une description physique[4], une psychologie et une foule d'activités. L'anthropomorphisme, pour s'exercer sur de petites séquences — ne frappe pas moins, dans un certain bric-à-brac fort peu obsessionnel (à la difference de d'Aubigné, qui martèle ses images). Pour en faire une présentation rapide, Dieu a moins de corps que de puissances mentales, et ce corps même tend à s'effacer au bénéfice de la sensualité: il semble acquérir des sens lorsqu'il est en présence des choses sensuelles

---

[4] tete: I, 566; chef: I, 684, II, 952; front: I, 11; face: I, 120; visage: I, 126; nez: VII, 81-91; yeux: I, 488; II, 756;. VII, 51, 175, 951; oreille: VII, 85, 91; haleine: VI, 711, 730; vent de sa bouche: I, 415; main: I, 31, 281; II, 376, 457, 1002, 1041, 1053; III, 347, 391, 392, 413; IV, 277; V, 66; VI, 513; VII, 306, 361; dextre: II, 754; VII, 125; bras: II, 805; III, 168; VII, 147, 217; doigt: I, 553; III, 470; VI, 23; VII, 123; ailes: VII, 239; Parole: qui est Christ I, 683; voix: III, 463, 695, 697; VII, 162; Sagesse éternelle qui est Christ: I, 40 ou pas VI, 1036; VII, 359; esprit: I, 31; pensement: I, 62; dessein: VII, 198; Conseil: VII, 108, 438; jugement: VI, 1036; VII, 177, 194; industrie: VII, 132, 134; soin: I, 295; VII, 108, 131, 135; souci: VII, 237; grace: VII, 94; vertu: I, 284, 304; III, 53; vertus: I, 132; gloire: I, 61; V, 396; VII, 46; Puissance: I, 311, 732; II, 897; VII, 198, 131, 135, 438; toute puissance: IV, 73; V, 863; justice: VI, 1036; VII, 108, 208, 223; Bonté: I, 672; VI, 1036; VII, 108, 131, 135, 438; Force: III, 494; V, 67, 396; VI, 1036; Amour: VI, 1036; VII, 108, 98; Prudence: VII, 132; Clemence: VII, 416; ses loix: III, 234; largesse: VI, 1036; dons: III, 791. Voir J. Rieu "Le sublime continu chez Du Bartas" in *Du Bartas poète encyclopédique*, sur le regard divin omniscient et jouisseur, p. 293-306 et "Le sentiment religieux chez Du Bartas: in *Du Bartas 1590-1990*, p. 317-335. Sur les métaphores mythologiques: Marianne Fraimout "La mythologie dans la première *Sepmaine*" in *Du Bartas, 1590-1990*, p. 349-370.

dans son grand repos jouissif où il "s'esgaye". Beaucoup moins voyeur que le Dieu de d'Aubigné, sans cesse en contact visuel et cognitif avec les êtres, il est d'abord dans l'action de ses mains, de son bras, de son doigt qui modèlent le monde (surtout Second et Troisième Jours), puis dans l'action organisatrice de ses vertus intellectuelles, présentes dans une liste brève au Premier Jour, mais revenues en troupe complète et par plusieurs fois dans les Cinquième et Sixième Jours. Pour créer le Roi de la terre, les vertus attribuées aux rois président à la réflexion: Sagesse, Justice, Bonté, Force, Prudence, et déjà la Clémence, qui ne tardera guère à trouver son emploi. Leur réunion dans des sortes d'avant — "procès de Paradis" donne aux Vertus divines un dynamisme qui n'est pourtant pas une psychologie. A aucun moment, Du Bartas n'essaie par exemple de faire allusion à la trilogie Mémoire-Volonté-Intelligence qui définit habituellement les facultés humaines. Peu d'objets: Cabinet (I, 380) Sceptre et couronne (I, 566) et pour trône le Ciel (II, 991; III, 440). L'anthropomorphisme s'efface, mais nous le retrouverons dans les métaphores.

*

Les *loci theologici* respectés par les prédécesseurs de Du Bartas l'invitent à passer de la discussion de l'unicité de Dieu à la découverte de la Trinité: tant à cause du "faisons l'homme" qu'à cause de cet esprit divin qui plane sur les eaux, une autre forme de désignation du divin peut d'ailleurs en varier les noms.

Du Bartas, assez limité dans l'évocation directe du dogme trinitaire (*Trinité* I, 97; *Dieu triplement un* II, 779; *Triple-Une essence* VI, 716) joue par contre fort habilement des glissements entre personnes de la Trinité et Dieu trinitaire, en particulier en ce qui concerne la paternité et les "responsabilités" dans la création, point lourd de conséquences.

La Paternité désigne surtout le rapport de Dieu (complet) sur l'univers: *Père éternel* (V, 13), *Père tout puissant* (VI, 17), *Père de lumière* (I, 440), *Père de ce tout* (I, 642; VI, 219), *Père tout puissant de nature et du ciel* (I, 1062), alors qu'il n'y a qu'un seul cas de son usage dans les liens internes à la Trinité: *Père de Sagesse* (I, 440), si l'on identifie Sagesse à Logos, donc au Fils. Paternité cosmique qui s'affirme dans le cas où les créateurs sont des personnes émanées: Fils créateur dans *Père de l'Univers* en I, 68 et V, 779, puis Esprit créateur dans *l'Esprit père de l'univers*, VI, 722. Un temps on pourrait se dire qu'il y a là une résurgence de la structure platonicienne du *Timée* souvent reprise, où le Démiurge cède à des démiurges en second la création et le modelage de la matière, dans les errements de laquelle il n'a donc pas de part. Mais Du Bartas reflète là les variantes bibliques qui attribuent la création au Père (*Ps* 101, 26; *Luc* X 621; *Actes* IV, 45) ou au Fils (*Heb.* I, 2; *I Cor.* VIII 6; *Jean* I 3, VIII 25, 58 , XVII 5). Il y trouve même l'occasion d'un jeu paradoxal:

> "De ce grand Univers il (= Dieu) engendra le père:
> Je di son Fils," (I,64)

Un seul usage de la paternité pour désigner les rapports entre Dieu et l'homme: *Père* (I, 7; VI, 483, 931).

L'effacement relatif de la première personne de la Trinité est à rapprocher bien sûr du thème global du mystère divin: on ne connaît que des œuvres ou des modes de présence expressément communicables aux hommes (l'Esprit), ou grâce à l'incarnation (le Fils). L'esquisse d'une "conférence" des trois Personnes avant la création, explicite par exemple dans d'Aubigné, n'est développée que lors de la création de l'homme; encore ne s'agit-il pas d'une conférence à trois (faisons l'homme) mais d'un presque Procès de Paradis, où les Vertus de Dieu sont convoquées en un "Concile" (VII, 455) tout royal, dans lequel finalement seul est consulté *son vray Fils naturel* (VII, 465).

En contrepartie alors le *Fils*[5] (I, 65, 35; VI, 465) clairement identifié à la *Voix* (I, 69) et au *Conseil* (I, 69), soit deux manières de traduire le grec Logos, trouve bien sa seconde designation comme *Christ* rédempteur (V, 773), *Fils de la vierge* (VI, 1000), qui apporte la vie (II, 814) et ressuscite d'entre les morts (V, 597), monte au Ciel tout vif (II, 975) laissant sur terre les instruments sacramentels du salut, son imitation (V, 765) et la croix (VII, 275), promesse de la Résurrection (V, 595) quand il reviendra glorieux (I, 385). On remarquera l'étrange dispersion des dogmes et des termes du Credo à travers le poème.

Aussi orthodoxe est la définition du Saint Esprit comme *procédant* du Père et du Fils: *leur commune puissance* (I, 72) et *leur amour* (I, 72) animateur et inspirateur.

Un rapide regard sur les répartitions montre une mutation là encore: la présence de l'Esprit[6], forte en I est progressivement remplacée par la présence du Christ rédempteur: plus le monde existe, et plus il a besoin de comprendre son devenir. Le traitement des personnes est différent: l'Esprit est désigné et peu metaphorisé. En revanche le Fils est un support métaphorique de choix,

---

[5] Fils: II, 814; II, 795; IV, 726; Christ: V, 598, 773; VI, 992, 1000; VII, 425, 520, (235).

[6] Son Esprit: I, 64; son Esprit vivant: VI, 914; l'Esprit saint: I, 84, 310; le Saint Esprit: VII, 522; l'Esprit de Dieu: I, 293, 459; l'Esprit de l'Eternel: I, 301; l'Esprit: IV, 1.

d'autant que c'est son existence même qui fonde la métaphore générale sur laquelle l'existence du monde est fondée: celle de la ressemblance, de l'image qui favorise une connaissance imparfaite mais légitime et bonne. Christ "son vray pourtrait, son vray fils naturel" (VI, 465) permet de mettre sur la face de l'homme le portrait de Dieu, le faisant fils selon l'Alliance, l'adoption et la participation au Christ. C'est aussi le Christ qui fonde la théologie naturelle: les principaux mystères relatifs au corps du Christ, et partant au corps du chrétien et à sa divinisation, sont dits à travers les métaphores animales du Phénix et du Pelican.

Le relevé des désignations proprement traditionnelles et théologiques risque de décevoir. Non nommé et peu désigné, irrégulièrement présent, le Dieu de *La Sepmaine*, ne trouve sa véritable force textuelle que par deux voies complémentaires, partout où son lien à la nature créée n'en fait pas encore un Dieu des théologiens, mais une formidable puissance de vie: quelques expressions complexes, et surtout les métaphores, affirment une présence de Dieu au monde. Le thème à débattre est immense, et nous n'aurons garde de croire résoudre en quelques lignes la question de l'âme du Monde[7] ou les querelles sur la continuité de l'Esprit à la matière. Nous n'indiquons que quelques convergences et ferons porter notre analyse sur le seul terrain des métaphores.

Convergence, nous semble-t-il, que l'hésitation entre Dieu et Nature comme cause naturelle en I, 1062 et IV, 740, la désignation de l'Esprit comme Ame du Monde (II, 31) et le très curieux "mastic" qui tient uni l'Océan (I, 285) qui pourrait être une variante du logos "colle" de

---

[7] Voir J. Pépin: *Théologie cosmique et théologie chrétienne*, Paris, P.U.F., 1964.

Philon d'Alexandrie[8]. Convergence des thématiques de l'image et des métaphores de naissance: œuf et ourson portent progressivement la forme de leur géniteur. Convergence de la présence animatrice d'un Dieu "premier moteur" (VII, 486) et "grand ressort" (VII, 146) dans un monde où tout palpite "du secret mouvement de son Éternité" avec les métaphores mécaniques. Dieu ne s'est pas séparé de sa création; il lui est bien plus proche que ne l'est un roi de son royaume: la métaphore royale n'est développée que pour y dire la maîtrise matérielle, non la hiérarchisation[9]. Une intimité que l'on n'ose dire charnelle dit en ce monde la Présence, dont les effets sémiotiques ne sont qu'une version pour intellectuels.

Les métaphores et comparaisons, que la théologie n'a pas expressément codifiées, permettent justement par leur hésitation, de travailler au plus juste l'idée d'une présence dans la séparation.

*

Le réseau de comparaisons et métaphores le plus complet est celui de l'art et de la construction. Il travaille à la fois sur les multiplicités de termes (*potier, brodeur... etc.*) et les multiplicités de moyens rhétoriques: métaphorisation portant sur Dieu (*ouvrier*), sur l'action (*orna...*), sur l'œuvre créée (*maison...*) ou comparaison filée, elle même reniée comme insuffisante (*un ouvrier... mais*

---

[8] Philon d'Alexandrie, *Her.* 188 et *Fug.* 112. le logos maintient le monde uni, il est un lien (*desmos*) et une colle (*kolla*).

[9] Le souverain: I, 151; Le Maître ingénieux: II, 887; Ton Roi: II, 1096; Roi des champs herbeux: III, 11: Monarque du Ciel: II, 466; Grand Roi de la Mer: V, 18, 395; Prince des flambeaux: VII, 463; ce grand Roi (Christ): II, 814; Grand Roy de ce Tout: III, 25.

Dieu...) ou acceptée (*comme un bon ouvrier, Dieu...*) Ce que nous allons schématiser pour faire apparaître les types de variations, dans un relevé non exhaustif[10], en particulier pour le "faire".

Métaph. > → faire	→ œuvre	comparaison
Ouvrier	ouvrage	
forma au tour		potier (I, 42) charpentier
Brodeur tissa	tissue	(I, 42)
brocha	pavillons astrez	tisserand (I, 42)
Architecte bastit	édifice	
	maison [et sous-parties]	
	palais	
bras	arcboutans	
mains	pilotis	
	ville [et sous-parties]	
Imager		Architecte (VI, 1-18)
peint		
		Peintre (VII, 1-100) Constructeur de canal (VII, 130)
Ingenieur		
	machine	
	moulin	
	horloge	
	théâtre	
	banquet	Organisateur de spectacle (I, 148) (VI, 433)

---

[10] La liste se trouve déjà chez J. Dauphiné, *Du Bartas, poète scientifique*, p. 40 sqq. Sur les implications de la métaphore, F. Lestringant, "L'art imite la nature, la nature imite l'art: Dieu, Du Bartas et l'Eden" in *Du Bartas poète encyclopédique*, p. 167-184.

Le réseau, où Du Bartas précise, mais n'invente pas, est garanti tout à la fois par une série de sources antiques (*Timée* et ses commentateurs, *De natura Deorum* de Cicéron), exégétiques et patristiques (Philon, Basile, Augustin) et bibliques (*Psaume* 104 en particulier). On les trouve presque toutes ensemble dans un même passage biblique que Dieu réalise par anticipation. Dieu se prépare ainsi à soi-même le Palais que les hommes, en plus petit, lui préparent ensuite pour sa présence terrestre: plus encore que la construction du Temple de Salomon et son luxe, l'activité divine "répète" (anticipe) celle des artisans du peuple du désert, préparant pour les Tables de la Loi la modeste demeure qu'est l'Arche d'alliance: "quiconque parmi vous est un bon ouvrier" offre son savoir créateur! Et les artisans de créer rideaux, tapis, encensoirs, tente, toit, couvertures et agrafes, tissus et vêtements du grand-prêtre pour la première liturgie (*Exode* 35 10). Première liturgie que Dieu, grand Pontife (VI, 920) célèbre sur le Monde, ayant cessé d'être "à soi-mesme et l'Hoste et le Palais".

A côté du Dieu Démiurge brassant les chaos de matière, un Dieu artiste au travail amoureusement fignolé s'enchante de la pure beauté qui surgit de ses mains. La comparaison de Dieu à un artisan fait les beaux jours de tous les *Hexamera*, qui la disent inepte et bonne pour les platoniciens qui croient à l'éternité de la matière: un Dieu qui crée *ex nihilo* et dont la parole fait surgir matière et forme ne peut sans grande impropriété être comparé à celui qui se contente de modeler, que ce soit de ses mains ou par l'intermédiaire de ces démiurges en second que sont les Idées. Création et transformation sont incomparables, comme une sorte de blasphème. Cela une fois dit, interrogeons-nous quelque peu sur les vertus de la prétérition. "On ne saurait comparer" est une manière complexe de dire que la comparaison est valide sur certains points mais doit être invalidée au nom de raisons supérieures. Question de point de vue: il n'en est pas moins vrai que selon le premier point de vue la comparaison qui n'est pas raison reste explicative: il importe seulement de la dépasser, c'est-à-dire de la prendre dans une dynamique d'interprétation. La promotion de l'art au XVIème siècle lui donne sens.

Les traités artistiques du XVIème siécle sont évidemment hantés par la ressemblance des processus créateurs, et pour l'artiste cette ressemblance est essentielle à la promotion de son art. Il suffit de considérer la multiplication à la Renaissance des traités sur l'art en latin ou en français: la traduction coup sur coup par Jean Martin de l'*Architecture* d'Alberti (1553) de l'*Architecture* de Vitruve (1567), la publication de l'*Architecture* de Philibert de L'Orme (1576) consacrent une nouvelle façon de se représenter la pratique architecturale: une science à la fois pratique et théorique, appuyée sur la géométrie, une façon d'imposer la loi de l'abstraction sur une matière brute. Insistant sur le caractère intellectuel du projet créateur, sur le passage de l'idée au dessin pour fournir un modèle entre concept et image, tout autant que sur la maîtrise de la pierre et de la terre, les ouvrages travaillent à une glorification de cette démiurgie au petit pied qu'est l'art. Aussi ne manquent-ils pas de s'incliner devant le Modèle démiurgique: l'introduction de Philibert de l'Orme en appelle à la parabole des talents (le génie est don divin), à l'analogie des ordres du monde (planètes, institutions, royaumes, corps, bâtiments) et à l'imitation du grand Architecte, qui sous l'Ancienne Loi a appris aux architectes successifs les proportions et mesures. Il leur est à tous nécessaire de décrire leur processus artistique par des termes proches de ceux du *Timée*: soit un modèle à trois termes: un artiste, une représentation mentale (*projet, idée, dessein, pourtrait*) et une matière. D'une certaine manière, la main et l'outil, rejettés au second plan comme purs exécutants, cèdent à l'*ingenium* de l'artiste, qui cesse alors d'être un "mechanique", tout en ayant besoin indissolublement de ce savoir "mechanique" pour assurer sa maîtrise sur la matière. Parce que l'esprit est premier, l'artiste est libéré des apprentissages monovalents: il est maître de tout par génie, et mêle librement ce que les apprentissages et le statut des corporations maintenaient soigneusement séparé. C'est le temps des ingénieurs[11] et de la curiosité, des "subtilitez" de G. Cardan (traduit en 1566).

Or Du Bartas fait de son Dieu l'artiste et l'ingénieur de tous les savoirs et de toutes les mains habiles. Il faut donc avouer qu'inversement ce qui "justifie" et rend attractive la description de la création divine et qui permet de se l'imaginer, est bien la dignité nouvelle attribuée à la création artistique comme phénomène non accessible au commun des mortels, qu'on invoque le grand art ou la transformation artisanale de la matière. Transformation, conservons bien le terme qui a pour avantage de garder le terme latin de "forma": la "forme" qui fait exister l'objet, l'individualisation dans le temps de ce qui auparavant n'était pas comme objet, la forme qui est aussi "l'âme" de chacune des existences de la plus végétative à la plus sublime. Le potier qui de fragments de terre non nommables, de boue, fait un pot, crée à la fois un objet individualisé et nommable "pot" jusqu'à ce que le pot casse. Et si Dieu fait infiniment mieux, la métaphore rend pourtant

---

[11] B. Gille, *Les Ingénieurs de la Renaissance*, Paris, Hermann, 1964; P. Warnke, *L'Artiste et la Cour*, Paris, Gallimard, 1992. Le vocabulaire architectural de Du Bartas est très précis, et l'appellation d'*Ingénieur* pour désigner Dieu garde encore l'hésitation formelle entre la forme adjectivale *ingénieux* et la forme substantivée *ingénieur*, comme dans B. Palissy.

compte du surgissement dans le temps d'êtres qui sont mêlés dans la matiére muable en forme mais non en quantité ni en nature[12]. Du Bartas va successivement la poser et la renier, l'imposant ainsi deux fois à l'imaginaire de son lecteur.

Coïncide donc avec la description du processus artistique le schéma ternaire qui interpose entre créateur et créature un modèle-forme intellectuel, théorie exemplariste reprise de Platon, Plotin, que la scolastique a intégrée sans peine (Thomas, *Sum. T.* Ia 9 54a 1). Seule hypothèse sur les occupations divines avant la Création:

> "Peut-être il contemplait l'Archetype et le moule"
>
> (I, 64)

Nombres et mesures, Idées, jouent ici le rôle que le *Timée* puis Philon leur assignent comme démiurges intermédiaires créés avant les objets.

Mais vite, une différence dans la pratique: la simultanéité de toutes les opérations:

> "La force, le vouloir, le désir et l'effect
> L'ouvrage et le dessein d'un ouvrier si parfaict,
> Marchent d'un mesme pas"
>
> (I, 200)

puis une différenciation nette de conception dans une sorte d'absence de pratique:

---

[12] Voir Augustin sur les différences de sens du mot *forme* dans ces deux processus: *Cité de Dieu* XII 25, et *Confessions* XI 5. Le sceau archétypal qui crée alors est le Logos (Philon, *De Opificio Mundi* 25 et 34). Malgré les arguments de M. Prieur "Le Morceau de Cire" in *Du Bartas Poète encyclopédique* p. 277, je ne suis pas sûre que Du Bartas renonce à la scolastique.

"Pour un si haut dessein
Ne mandiant sujet, industrie, ni main."

(I, 222)

Il est bien clair que l'habituelle construction du dessein, à partir d'une expérience sélective qui choisit des fragments d'excellence, ne peut être valide pour désigner une création sans précédent, ni l'imitation des merveilles naturelles ou des réalisations antérieures, chemin normal de l'apprentissage de l'artiste. L'anecdote connue de la recherche d'Apelle utilisant pour former sa Vénus les plus beaux "morceaux" des plus belles femmes en est l'illustration usuelle. Du Bartas transforme cette anecdote en quête architecturale:

"Cest admirable Ouvrier n'attacha sa pensée
Au fantasque dessein d'une œuvre porpensée
Avec un grand travail: et qui plus est n'eslut
Quelque monde plus vieil, sur lequel il voulût
Modeler cestui-ci, ainsi que fait le maistre
D'un bastiment royal"

(I, 180)

Image reniée, image aussitôt restaurée puisque Dieu commence par la lumière:

"Quel plus vif souci tombe en l'entendement
De celui qui projette un royal bastiment
Que de le bien percer ?"

(II, 453)

Ce "bastiment royal", dont les théories des architectes font leur morceau d'importance (Androuet du Cerceau), est le plus ancien comparant auquel dès l'origine (Philon *De opif.* 17) la Création est comparée et c'est pour un roi (VI, 421) qu'est ordonnée la création.

Il faut aussi remplacer le modelage par quelque chose de plus instantané: d'où l'affirmation d'une création par la parole et la volonté, qui doit à tout prix éviter l'idée de travail (d'où un *soin sans soin, un travail gracieux* VII, 45)[13]. Mais d'où aussi une métaphore comme celle de l'empreinte ou de la frappe de monnaie, opposant le geste et la volonté à la ductilité de la matière marquée , sous l'espèce du morceau de cire (II, 190) ou du métal: si chaque créature

> "Porte de son Ouvrier empreinte en chaque part
> La beauté, la grandeur, la richesse et l'art",

Dieu, comme chancelier (II, 196) et graveur, modèle d'un seul geste.

Si l'univers est œuvre d'art, sa fonction d'appel à la contemplation, son caractère ostentatoire lié à sa beauté est comme magnifié: c'est la fonction que lui assignent les commentaires exégétiques de Basile (I p. 115): "afin que le monde apparaisse comme une œuvre d'art qui s'offre à la contemplation de tous et fasse reconnaître la sagesse de son auteur". Un tel usage du beau prend chez Du Bartas une sorte de joie emphatique, que les comparaisons passagères de Dieu à un entrepreneur de spectacle ou au maître d'un banquet parent de luxe et de jouissance.

Au système connu des affirmations et dénégations, Du Bartas ajoute des dissonances qui sont sa marque propre, plus encore que l'accumulation exubérante. Par une interférence brusque, l'artiste et l'objet changent de rôle. Dieu Architecte est "de soi mesme et l'hoste et le Palais (I, 30); Dieu constructeur se fait construction, labyrinthe

---

[13] Philippe Desan "Un labeur sans labeur: Le travail divin dans *La Sepmaine* de Du Bartas, in *Du Bartas 1590-1990*, p. 371-394.

(I, 87) à qui l'observe. Dans ce Dieu Dédale, puisqu'au XVIème siège, le même terme désigne l'architecte et le lieu, on peut voir l'écho du légendaire créateur de l'art, mais aussi l'image inquiétante, de la seule angoisse relative au divin qu'on puisse trouver en cette première *Sepmaine*. Aussi étrange, l'imbrication en une forme proprement grotesque, du corps divin à sa création, dans ces bras "arcboutans" ou ces mains pilotis (III, 392) sur quoi tient l'édifice cosmique. La métaphore picturale enfin se pervertit: pour décrire le repos du septième jour, Du Bartas, au lieu de résorber le tableau dans les "desseins" du peintre, montre à l'inverse l'absorption du peintre par sa création dans laquelle il s'éternise et se perd. La longue comparaison (VII, 1-100), à peine tempérée d'une précaution ("Si le begayement de ma froide éloquence"...), engendre un récit proprement fantastique. On trouverait dans ce pilote (II, 1044), amiral (III, 62), étoile du Nord, une même circularité. Dieu revient toujours à Dieu par la création.

Métaphores et comparaisons finissent par dire plus que le discours théologique, la jouissance, la possession, l'intimité, l'identité. Réalisant ce qui est le code même du récit de la *Genèse,* montrer Dieu visible dans sa création, Du Bartas, comme dans une image plus ou moins nettement accommodée, glisse du visible à l'invisible, de l'objet créé aux concepts créateurs, de l'intention de créer au plaisir de voir la création. Les choses ne sont jamais seules.

*

Le Dieu de *La première Sepmaine* n'est pas, poétiquement parlant, un personnage valorisé: l'expansion de sa création, progressivement, le recouvre d'une masse de matière, d'êtres, de signes, qui prennent sa place dans le regard humain. L'auteur, tout bon croyant qu'il est, et fort correctement situé dans sa figure d'Orant et d'Inspiré, ne lui laisse, obstinément, que la place cachée d'âme des *visibilia*. Minimalement relié à l'homme, créature encore mal sortie de sa boue première, Dieu vibre par contre au cœur des créatures matérielles. Evitant le caractère convenu des imageries autant que les labyrinthes théologiques, Du Bartas suggère plus qu'il ne dit. Jamais, en somme, il ne prétend posséder la connaissance de l'inconnaissable, ni le nom de l'inconnu. Jamais non plus il ne prétend tout décrire des temps sans témoins, tout juste en donner des images, ce qui est le fait de l'artiste, mais aussi le fait de l'homme, qui ne peut vivre que d'*images*. Confiance, quoi qu'on dise, dans un Dieu qui se donne à voir.

"Deus enim aliqui invisibilis mundi imaginem quaedammodo induit, in qua se nobis conspiciendum praebeat"[14].

Marie-Madeleine FRAGONARD

---

[14] Calvin, *In quinque libros Mosis Commentarii, Argumentum*, 3e ed., Genève, 1583, p. non num.

LE STYLE "EMPYRIQUE" DE DU BARTAS

Bien qu'il s'en défende, l'auteur de *La Sepmaine* semble avoir une ambition démesurée en entreprenant de décrire la Création du monde. Il tomberait de l'empyrée, au point de renouveler la mésaventure d'Icare qu'il avait conjurée:

> Picqué d'un beau souci je veux qu'ores mon vers
> Divinement humain se guinde entre deux airs;
> De peur qu'allant trop haut, la cire de ses ailes
> Ne se fonde au rayon des celestes chandelles...
>
> (I, 113-116)

Il se défend de vouloir atteindre au dernier ciel[1]. Pourtant, malgré cet objectif "moyen", Du Bartas est lu comme un adepte non seulement du sujet élevé mais du style altiloque, voire du "sublime continu"[2]. Les pièces liminaires qui accompagnent les éditions contemporaines ne manquent pas de souligner l'éloquence stellaire de

---

[1] Car aussi je ne veux que mon vers se propose
Pour sujet les discours d'une si haute chose.
(éd. Y. Bellenger, Paris, Klincksieck, 1993, II, 977-78).

[2] Voir l'article de Josiane Rieu, "Le sublime chez Du Bartas", dans *Du Bartas poète encyclopédique*, Lyon, La Manufacture, 1988, p. 293-306. Après cet article et d'autres encore qui ont examiné de près la notion de "sublime" au XVIe siècle à partir de la redécouverte de Longin, il ne nous paraît pas utile de reprendre cette question.

l'auteur et de l'inscrire pour l'éternité au firmament des poètes, parmi de "célestes chandelles". Préférant l'expérience à la démesure, Du Bartas se serait mieux accommodé d'une comparaison avec l'ingénieux Dédale.

L'effet de vertige cosmique produit par la lecture de *La Sepmaine* est en contradiction avec l'humilité de la créature, le labeur de l'artisan et l'effacement de l'artiste derrière son oeuvre. Suffit-il de réduire une telle discordance par le recours à la notion rhétorique et philosophique de "variété"?

I. Il n'y a rien de bas sous le soleil.

1. La"diction magnifique".

Du Bartas théorise son style dans la justification du *Brief Advertissement:*

> La grandeur de mon sujet desire une diction magnifique, une phrase haut-levee, un vers qui marche d'un pas grave et plein de majesté, non esrené, non lasche, ny effeminé et qui coule lascivement ainsi qu'un vaudeville, ou une chansonnette amoureuse[3].

La définition est claire et se résume de la façon suivante: à sujet élevé, style élevé. Le modèle est une polyphonie de chapelle, non un air de cour. Dans cette déclaration, Du Bartas semble suivre les préceptes de la poétique et de la rhétorique sur les différences de style. Le style, que Jules-César Scaliger appelle "character", est la marque imprimée par l'auteur dans la cire du discours, grâce à

---

[3] Ed. Y. Bellenger, *op. cit.*, p. 350.

son "stilus"[4]. Le style supérieur est "altiloque, magnifique, plein, généreux, abondant, sublime", tous adjectifs que les envols icariens justifieraient amplement. Traditionnellement, les marques de ce style portent sur trois aspects: 1) le sujet, comme on vient de le voir; 2) les figures qui, dans le cas des tropes, doivent elles-mêmes être prises dans le registre noble; les figures de répétition concernent tous les effets de rythme et de "nombre" qui éloignent le discours poétique de la prose et de la parole quotidienne; 3) la phrase, de préférence périodique et articulée, en combinaison avec la métrique. Nous nous limitons ici aux *res* et aux figures.

L'adaptation au sujet est évidente pour les deux premières journées, dont le processus de création cosmique est souligné par un bon nombre de ces caractéristiques. Du Bartas consacre son "style haut" rétrospectivement, puis avoue que pour la suite de son projet il lui faut descendre vers le style "moyen" approprié à l'élément maritime et à la surface de la terre. Que le style cosmique ne soit plus convenable, les premiers vers du IIIe jour l'indiquent avec netteté:

> Mon esprit qui voloit sur ces brillantes voutes,
> Qui vont tout animant de leurs diverses routes,
> Qui commandoit aux vents, aux orages souffreux...
>   ... d'un langage assez brave
> N'aguere discouroit sur un sujet si grave:
> Mais razant ce jourd'huy le plus bas element,
> Il est comme contraint de parler bassement:
> Ou s'il parle un peu haut, sa voix est emportee
> Par les ondeux abois de la mer irritee.

>   (1-10)

---

[4] Jules-César Scaliger, *Poetices Libri Septem*, Lyon, S. Gryphe, 1561, IV, 1, p. 174.

Avec une certaine éloquence, il se donne une consigne plus terrestre:

> ... d'un style fleuri je descri(rai) les fleurs
> Qui peindront ce jourd'hui les champs de leurs couleurs.
>
> (19-20)

Le style "fleuri", particulièrement adapté puisqu'il s'agit de fleurs, appartient à la théorie littéraire et concerne soit le style "moyen" (pour les rhétoriciens), soit le style "bas" (pour les grammairiens). Il est critiqué dans ce sens par Scaliger parce que le caractère fleuri se trouve dans tous les genres qui utilisent selon la nécessité tel élément "plenum, & incitatum, & praeceps, & instans, & molle, & remissum, & suave, & asperum, & breve, & longum"[5]. Le style fleuri est avant tout un style divers.

Cependant, avant même la fin du premier Jour, Du Bartas avait signalé l'utilisation d'un "style bas" dans une addition de 1581:

> Et lors tu concevras quelle estoit ceste terre,
> Et quel ce ciel encor où regnoit tant de guerre.
> Non point tel qu'ils estoient, mais tels qu'ils n'estoient pas.
>
> (I, 255-7)

Le chaos et le rien ne peuvent être dits que par l'intercession d'une Muse plus basse, à l'intérieur même d'un ensemble qui relève du style élevé. C'est un style "bas" par inclusion.

Puis le style se surélève à nouveau, avant la description des astres, pour produire un début de quatrième Jour triomphal; le mouvement vers le haut est marqué par une

---

[5] *Poetices..., op. cit.*, p. 174-5.

allusion à l'enlèvement d'Elie, et c'est une autre Muse ("saintement éloquente", v. 13) qui prend le relais:

> Enleve moi d'ici, si que loin, loin de terre,
> Par le ciel azuré de cercle en cercle j'erre...
>
> (5-6)

Plus loin, une affirmation comme

> ... Je prends pour fondement
> De mes futurs discours l'aetheré mouvement,
>
> (163-164)

peut être comprise comme la revendication non seulement d'un sublime sujet — le mouvement du ciel — mais d'un mouvement qui s'étende à la forme du poème, régulière et "éthérée". Dans ce sens, *La Sepmaine* se distingue de la tradition hexamérale en poussant le plus loin possible ce que Du Bartas appelle l'"hypotypose", ou imitation de l'objet, comme dans le cas plus trivial des "flo-flottantes eaux"[6].

2. Créatures obscures.

En fait, si l'objet varie, le style ne change guère. Le lecteur peut constater qu'il est globalement fleuri (divers), mêlant sans cesse les registres "haut" et "bas", surtout en ce qui concerne le vocabulaire et les métaphores triviales qu'on lui a tant reprochées, comme:

> La soigneuse Nature accouche à tous momens.
>
> (IV, 52)

---

[6] *Brief Advertissement, op. cit.*, p. 350.

Il faut, pour que l'ensemble du poème soit harmonieux, que soit réduite la contradiction entre un univers où tout est bon, où tout est grand puisqu'il est issu de Dieu, et une hiérarchie des styles fondée sur la valeur. Le parallélisme opère toujours: de même que le Monde (malgré le péché et les serpents) est globalement bon, de même le poème (malgré la nécessité du registre bas par homologie) ne souffre pas de ce mélange qui en rehausse la qualité mimétique. Comme le dit Jan Miernowski, le poème est un analogon de l'Univers et le reste jusque dans le style que le poète soigne à cet effet[7].

Au moment de passer à la description des mouches et des abeilles, qui pouvaient faire pâle figure à côté des étoiles, Du Bartas rappelle en bon prédicateur que

>   ...Dieu
> N'obscurcit son renom par un obscur ouvrage.
>
> (V, 865)

Le principe d'homologie avec le sujet n'est pas respecté et le poète continue dans le registre élevé l'inventaire de créatures infimes. Les rhétoriciens avaient déjà envisagé le problème. Pour Scaliger, il faut précisément redéfinir le style élevé rapporté au type de sujet: quoi de plus sublime que la fourmi? (p.175) il n'est pas nécessaire que les choses elles-mêmes soient grandes, car on peut atteindre le sublime par des "mots choisis, sonores, peints, et par une composition rythmée (*numerosa*)". Voilà qui correspond exactement au mots qui peignent selon le principe de l'hypotypose bartasienne.

---

[7] Jan Miernowski, *Dialectique et Connaissance dans la **Sepmaine** de Du Bartas*, Genève, Droz, 1992.

Une autre justification de l'intermission du style bas vient de plus noble source encore: depuis les commentaires de Jérôme, le texte même de la Bible passe auprès des doctes pour "rustique", autant par la primitivité supposée de la langue hébraïque que par les figures très concrètes, quotidiennes et pastorales qui en font le charme littéraire. Nul doute que Du Bartas ne songe à cette rude écorce lorsqu'il se risque à mêler le lexique quotidien aux divines réalisations:

> Aussi je tien plus cher le celeste langage,
> Bien qu'il retiene plus du rustique ramage
> Que de l'escole Attique, et que la Verité
> Soit l'unique ornement de sa Divinité...
>
> (II, 1021-24)

En somme, comme le dit cette période qui ne doit rien au style rustique, Du Bartas cherche à faire une synthèse originale entre le Livre du Monde, dans lequel les non-doctes lisent en transparence les bienfaits de Dieu, et le Livre Saint dont la langue imagée permet à chacun, qu'il habite un palais ou une chaumière, de reconnaître sa vraie demeure. Du Bartas se laisse même séduire par les douceurs du style anacréontique, dans plusieurs passages où il sacrifie à un éloge un peu convenu de la vie pastorale et à une critique (aussi convenue) de la vie de Cour[8].

---

[8] Voir en particulier la fin du IIIᵉ Jour, très proche des *Regrets* de Du Bellay:

> Mon estang soit ma mer, mon bosquet mon Ardene...
> ... Mon cher Bartas mon Louvre, et ma Cour mes valets. (981, 984).

II. De l'expérience.

1. Un langage commun

Les nombreuses comparaisons empruntées au registre non noble de la vie quotidienne ne seraient certes pas agréées par Jacques Louis D'Estrebay (exigeant commentateur de Cicéron) ni par Jules-César Scaliger. Du Bartas ne se limite pas à puiser dans la matière, les animaux des champs et les objets domestiques des comparants pittoresques, puisqu'ils peuvent eux-mêmes être objets d'étude et de description. Si l'on considère comme un processus de rabaissement le fait de décrire le Ciel comme une serrurerie bien huilée ou une horloge particulièrement exacte, le processus inverse existe tout autant, puisque les fleurs sauvages et d'humbles animaux sont dignifiés par des comparaisons solaires ou astrales. Du Bartas commence son "histoire" en plaçant des niveaux hiérarchiques délimités qui suivent, comme l'a montré Jan Miernowski, les lieux de la différence, du propre, etc., et la méthode de la division; mais il perturbe constamment cette harmonie par des comparaisons à la limite du burlesque et par des analogies superficielles. Autant il s'applique à séparer, diviser, classer, autant, en appliquant le topos maniériste des fleurs multicolores, il redonne un air de chaos, de grotte faussement sauvage à un arrangement trop pyramidal.

Nous montrerons ailleurs que cet effet de désordre vient en grande partie de la confusion entre différents domaines de vérité et de vraisemblance, dont l'auteur n'a pas senti, ou pas voulu sentir, l'incompatibilité[9]. Nous nous limi-

---

[9] Dans un article à paraître: "L'invraisemblable *Sepmaine*", dans *Cahiers Textuel* 34/44, janvier 1994.

tons ici à l'exploitation de la vérité de type scientifique,
celle dont la validité n'est pas fondée sur une démonstration ni sur une vérité de foi, ni sur un témoignage historique, mais sur une qualité intrinsèquement référentielle: un
vrai lié à l'existence. Dans ce sens, une fourmi est
"vraie", un phénix ne l'est pas. Ce domaine est un
répertoire de preuves fondamentales pour Du Bartas dont
le discours est essentiellement démonstratif. De là provient la dimension empirique de son style, qui paraît
s'opposer à un "empyrisme" de sujet noble, tout en se
combinant au contraire avec lui dans ce mélange réprou-
vé, improbable, — invraisemblable, il faut bien le dire,
mais de quelle invraisemblance? — très "commun", de
cette première *Sepmaine* qui n'apprend rien que le lecteur
ne sache déjà.

Le vrai empirique est ce qui tombe sous le sens, ce qui
relève de l'évidence et de l'*evidentia*. Un certain nombre
de comparaisons banales sont ainsi destinées à rendre
compréhensibles de hauts mystères: si Dieu couve le
Monde composé *comme* un œuf du jaune et du blanc (I,
299-300), c'est pour que l'évidence sensorielle de la
seconde expérience active notre compréhension de la
Création. Toutefois, Dieu et la bonne mère poule ne sont
pas dans un rapport d'analogie: le "comme" conserve
toute sa force de mise à distance autant que de rapprochement. Les deux processus de création sont incommensura-
blement éloignés, dans une démarche augustinienne et
calvinienne.

En revanche, les discussions scientifiques où l'auteur
prend position, sur le problème du vide par exemple,
s'appuient sur des comparaisons dont la valeur est tout
aussi expérimentale: l'impossibilité du vide est argumen-
tée à partir de l'expérience du tonneau percé, du soufflet
bouché, etc. (I, 319 sq.) Le monde n'en devient pas
pourtant un tonneau et cette preuve scientifique a une

valeur démonstrative beaucoup plus forte que dans le cas précédent. Dans le premier exemple (l'œuf), elle sert à croire; dans le second, à comprendre.

Du Bartas utilise également une autre sorte de "vérité scientifique" que l'on peut appeler livresque. La réalité d'une chose ou la vérité d'un fait sont authentifiées par "le compas des plus sages" (II, 393); elles appartiennent en bonne logique non pas à la catégorie du vrai, mais du vraisemblable, celui-ci étant garanti par une autorité ou une majorité de sages. On sait que la dialectique ramiste (qui regroupe en partie l'ancienne logique analytique et la topique) garde un certain flou à l'égard de la différence entre vrai et vraisemblable: l'avantage est que l'utilisation littéraire et discursive en est plus facile. Comme beaucoup d'autres, Du Bartas intègre dans sa "fiction" des lieux communs qui appartiendraient de droit au genre poétique: par exemple, la légende de l'ourse qui forme ses petits en les léchant fait dire à Simon Goulart qu'elle est en contradiction avec l'expérience[10].

Ainsi, c'est au nom de ce consensus et de cette garantie majoritaire que Du Bartas refuse (plus qu'il ne réfute) les coperniciens; ces

> Monstres forgeurs, ne peuvent point ramer
> Sur les paisibles flots de la commune mer.
>
> (IV,127-8)

La validité est, selon Du Bartas, surtout quantitative et stabilisante. Il préfère parler plus familièrement de ce que l'on connaît déjà bien, la disposition des douze signes du

---

[10] I, 408-14, et note p. 21: "En ce qu'il allegue de l'Ourse il a suivy l'opinion commune, et tenuë par les antiens. Il y a des endroits en l'Europe où l'on garde des Ours et des Ourses, et sçait-on pour certain qu'elles font leurs petits vivans en tout formez."

zodiaque, qu'il traite en anciens camarades ("C'est toi, Nephelien...", IV, 209). Ces connaissances vulgaires sont les plus recouvertes du fabuleux manteau des périphrases et antonomases mythologiques, avec une coquetterie autorisée par l'usage poétique. Le résultat est que ces expressions détournées sont tellement nombreuses qu'elles deviennent la "commune mer" du style bartasien et, au lieu de voisiner avec l'exceptionnel, elles contribuent à fleurir vers le bas plutôt que vers le haut un style qui se veut constamment soutenu par sa noble intention.

L'invention du concret, la tentative la plus audacieuse-ment sympathique du poète, est donc quelque peu alan-guie par ces mignardises d'esthète. C'était cependant une louable entreprise que d'intégrer à la masse indigeste des lieux communs poétiques des sujets et des éléments de comparaison familiers et inattendus. La dimension "didascalique" en explique une partie, en rendant domesti-ques et quotidiens les éléments les plus insaisissables du cosmos: ainsi, ces étoiles tant de fois appelées chandelles, écussons ou lanternes, comme si on allait pouvoir les approcher et s'en emparer; l'univers est transformé en "moulin de sous-soufflantes toiles" (I, 304), avec un "rouet dentelé" (306); la sphère des fixes est devenue "tente riche" (I, 343); le ciel, "horloge et balancier" (I, 310) au milieu duquel Dieu apparaît comiquement comme un "immortel brodeur" (I, 344). James Dauphiné a raison de dire que ces "comparaisons ridicules, grotesques ou tout simplement familières, constituent de véritables raisonnements, arguments ou pensées"[11]. Elles sont un argument général pour l'unité du monde, l'unité des styles étant assumée par le poète qui ose, de son pinceau unique,

---

[11] James Dauphiné, *Guillaume de Saluste Du Bartas, poète scientifique*, Paris, Les Belles-Lettres, 1983, p. 49.

unir dans un même discours la diversité des couleurs et des sons. A vouloir être trop commun dans l'élévation, il a été "forgeur de monstres": mais Dieu, dans sa proliférante bonté, n'a-t-il pas lui-même été le modèle des fabricants d'êtres impossibles? (V, 59)

2. La poétique à rebours.

La co-présence d'éléments qui relèvent à la fois du style élevé et du style "bas" conduit plus loin que l'application toute ronsardienne du principe de variété. Le maître de la *Sepmaine* construit un ensemble pictural qui rivalise avec la traditionnelle simultanéité de la peinture. La construction temporelle des sept journées (étudiée par Jan Miernowski et d'autres) tend à effacer la succession chronologique en essayant de faire comprendre en même temps l'existence du haut et du bas dans l'espace élémental de la création, et la coexistence des contraires (le cygne et le corbeau, la paix et la guerre). Chez Scaliger, la variété du style fleuri reposait sur la successivité de caractéristiques contradictoires. Or les opposés chez Du Bartas, comme le sublime et le familier, le noble et l'ignoble, coexistent dans l'espace simultané des tropes. L'"immortel brodeur" est à la fois Dieu et artisan compétent. Du Bartas avoue lui-même l'effet de "raccourci" que produisent ses mots composés qui relèvent moins de l'esthétique de la brièveté que de la simultanéité[12].

La valeur polysémique de certains éléments de la création participe également de cette poétique à rebours qui joint les contraires. Par exemple l'araignée, animal plutôt "univoque", est investie de plusieurs significations morales contradictoires selon sa situation dans le discours:

---

[12] *Brief Advertissement, op. cit.*, p. 351.

au deuxième jour, elle est l'exemple de l'art inutile des poètes fabuleux (9-10); au sixième, elle représente l'esprit enfermé dans sa toile (940); au septième, un modèle d'économie matrimoniale (621-624). Où est la vraie araignée, et à quoi sert une telle dispersion herméneutique?

Pour cette question encore, la réponse est dans les astres dont le cours "contraire" ou erratique fournit un opportun patron au poète de l'invention extravagante:

> Mais les ardants flambeaux qui brillent dessous luy,
> Faschez d'estre toujours au gré d'autruy
> De ne changer jamais de son, ni de cadance,
> D'avoir un mesme Ciel tousjours pour guide-dance,
> S'obstinent contre luy; et d'un oblique cours,
> Qui deçà, qui delà, marchent tout *au rebours*:
> Si bien que chascun d'eux (bien qu'autrement il semble)
> *En un mesme moment marche et recule ensemble...*
> Comme celuy qui veut dessus la coste Angloise...
> Peut marcher, s'il luy plaist, de la proue à la pouppe,
> Et maugré les efforts de la voguante troupe,
> Aller en mesme temps vers Thoulouse, et Bourdeaux.
>
> (IV, 321-38)

Cette danse inverse ressemble fort au mouvement du poème, qui doit toujours garder la cadence de métronome de l'alexandrin et avoir constamment le Ciel pour objet de sa visée. L'utilisation des contraires (qui n'annulent pas le mouvement principal) correspondrait aux digressions, aux ralentissements, aux prolepses et analepses qui perturbent une chronologie sans surprise. Le parcours erratique des planètes sur leur épicycle, le parcours contraire des sphères sont plus faciles à maîtriser depuis la terre stable de la poésie métrifiée que dans l'incessant tourbillon du système de Copernic. L'expérience rend "vraisemblable" la course à l'envers du marcheur serein qui, tout en allant vers Toulouse, se dirige quand même vers l'Angleterre, pays de la grande Reine et de la meilleure réception qui fut jamais des œuvres de Du Bartas. De tels mouvements, volontaires ou involontaires, ne sont pas sans morale.

III. *Le style composite*

1. Le mixte.

Un autre modèle du mélange stylistique, qui double et en même temps contredit le modèle astral, est la quadriphonie des éléments dont l'équilibre est plus ou moins instable tout en s'opposant dans différentes combinaisons:

> Et ce tout composé de pieces inegales...
>
> (II, 269)

Leur lutte s'opère parallèlement au niveau de la matière et du corps mais possède un analogon dans le corps social. La structure rythmique de la ballade, avec son refrain (II, 75 sq), permet au poète de les présenter à la fois comme une monarchie et comme un ordre instable. Dans ce domaine encore, Du Bartas utilise l'observation empirique, les sources livresques et un inépuisable trésor de lieux communs.

Cette ballade à quatre temps est une autre façon de reproduire une organisation interne plus générale du poème puisque, on l'a souvent remarqué, Du Bartas multiplie les va-et-vient entre quatre niveaux d'écriture, autant de niveaux de lecture et autant d'isotopies:

Le Macrocosme
Les Microcosmes (corps humain, corps social, monde expérimental)
Le Tableau/Le Bâtiment
Le Poème

Nous avons développé le schéma simple qui consiste à voir surtout les quatre étages qui rythment la poésie scientifique: le Monde, l'Homme, la Société, le Poème. En effet, le fonctionnement des isotopies est différent, lorsque l'ensemble décrit l'est pour lui-même ou lorsqu'il participe d'une comparaison. Nous avons vu que le monde expérimental ou le microcosme animalier servait à faire comprendre la marche du ciel, ou même les intentions divines. Le corps humain est objet d'étude au VIe Jour, mais partout ailleurs il sert de repère connu à ce qui est inconnu. Inversement le monde stellaire, bien qu'il ait déjà été décrit, sert de réservoir d'images lumineuses pour la description du corps humain. Cela ne signifie pas que les emplacements soient interchangeables et que l'on se trouve dans un système de correspondances réel où la tête de l'homme prend la place du ciel étoilé. A l'intérieur du grand Cosmos, les éléments sont certes mobiles et sujets à métamorphose: cependant, ils restent sertis dans ce que le poète nomme à maintes reprises le Tableau ou le Bâtiment.

Ces deux éléments de comparaison constituent en effet une isotopie à part entière, puisqu'ils servent à établir la jonction capitale entre le cosmos et le poème. Le Tableau du Peintre, le Palais de l'Architecte doublent avantageusement les métaphores médiévales de l'Image du Monde, du Miroir ou du Grand Livre. D'une part, parce que Dieu est sans cesse montré dans un processus de création artistique, en train de peindre son tableau du monde ou de construire le Palais destiné à l'homme. D'autre part, parce que le Poète lui-même se montre tout autant en train de peindre un tableau que d'écrire un livre. Le niveau de l'œuvre d'art est donc ce qui renvoie de part et d'autre vers Dieu ou vers le Poème, grâce à ce processus fondamentalement mixte et simultané de la figure. De façon plus consciente encore, le poète compare le mélange des éléments à la combinatoire des lettres de l'alphabet:

> Ou comme en ces escrits vingt et deux elemens,
> Pour estre transposez, causent les changemens
> Des termes qu'on y lit, et que ces termes mesme,
> Que ma sainte fureur dans ce volume seme,
> Changeans seulement d'ordre, enrichissent mes vers
> De discours sur discours infiniment divers.

(II, 255-260)

Notons les mots à la rime, qui soulignent le processus: "éléments/ changemens", "même/sème", et surtout "vers" et "divers". Cette comparaison n'était guère originale et courait dans les grammaires où la partie sonore de la lettre était appelée "elementum" (Priscien) et assimilée tout naturellement aux atomes d'Epicure pour sa vertu combinatoire. Ici, le poète ne s'embarrasse pas des étapes intermédiaires habituellement marquées: de l'élément à la syllabe, de la syllabe au mot, du mot au membre de phrase, etc. jusqu'au discours entier. Du Bartas décrit cette combinatoire comme une transposition qui constitue directement un terme, puis un discours: ce transport de lettres correspond au transfert de sens à l'œuvre dans la métaphore.

2. Le livre-tableau

Cette insistance sur l'œuvre d'art, qui tend à faire de la *Sepmaine* l'équivalent rimé de la Sixtine (bâtiment et plafond), vient d'un sentiment tout protestant, comme l'a montré J. Miernowski, de ne pas pouvoir lire le Livre du Monde dont les arcanes nous sont cachés depuis la Chute. La seule possibilité est de construire le "simulacre" de la réalité, assorti de la *maniera* individuelle et créatrice.

La grande hypotypose du début du jour VII est préparée pendant toute la Semaine; elle en est le couronnement théorique et esthétique en faisant du Tableau du Monde le centre absolu du processus créatif, que ce soit celui du Dieu-peintre ou celui du Poète-peintre. Les exemples les plus connus des peintres célèbres pour leur "imitation" parfaite (Apelle, Zeuxis, à la fin du jour V) sont invoqués par Du Bartas pour qui l'Idée du Monde dans l'esprit de Dieu, de l'Artiste et du Poète est la même. L'imperfection gît sans doute dans la réalisation humaine; mais est-ce bien sûr? Les écrits esthétiques de l'époque cherchent à répondre à cette question en reprenant l'exemple célèbre de Zeuxis et de son Hélène: il n'y a pas de modèle parfait de beauté dans la nature et l'artiste, par son choix et son art, fait mieux.

Il semble que Du Bartas, dans son insistance à faire de Dieu un artiste complet, partage cette idée de la supériorité de l'art sur la nature. Ce qu'il crée dans sa perfection, ce n'est pas la Nature, mais une œuvre d'art dont le matériau est la Nature; sa forme est dans son Idée, comme dans le cas de l'artiste. Cette conception ne laisse pas d'être paradoxale: s'il n'existe qu'une Nature-objet d'art, il n'y a plus de Nature. Le poète dit lui-même que le "docte Imager" (VI, 709), tel un peintre

A mis en œuvre l'art, la nature et l'usage.

(VII, 2)

Au centre de cette trilogie, la Nature est cette instance prolifique qui commande la reproduction des formes, le matériau, les éléments qui s'opposent. L'art est l'idée de perfection contenue dans l'esprit divin et l'usage est cette manipulation des choses dont l'artisan, plus encore que l'artiste, est l'excellent praticien.

C'est la raison pour laquelle le Dieu-peintre est en même temps architecte (I, 497) et ingénieur. Non seulement ce Dieu maîtrise les théories maniéristes de l'art, mais, en tant que technicien supérieur, il sait assigner à chaque élément du monde une fonction utile. L'insistance de Du Bartas sur la "solidité" du bâtiment est tout à fait remarquable. Il ne suffit pas de faire un joli tableau, une façade proportionnée: il faut que le bâtiment tienne debout et la stabilité dans *La Sepmaine* présente un caractère obsessionnel. Il faut que la Terre soit en position centrale pour que le monde "tienne". Tout doit être collé, maçonné, "mastiqué". Les formes géométriques assurent la stabilité du "royal bastiment" (I, 454), y compris pour juguler l'élément informel par excellence, l'eau:

> Dessus l'uni tableau toutes formes formant:
> Dieu respandit les flots sur la terre feconde,
> En figure quarree, oblique, large, ronde,
> En pyramide, en croix, pour au milieu de l'eau
> Rendre nostre univers et plus riche et plus beau.
>
> (I, 76-80)

Une métaphore est particulièrement significative de ce désir de solidité: la planche, le plancher. L'univers est un escalier à vis qui monte vers les "planchers sacrés" (8); les sphères sont les "beaux planchers du monde" (79), etc. Ces planchers peuvent être non moins nécessaires qu'humides:

> ... Pense et repense encore,
> Que ce palais superbe, où tu commandes ore,
> Bien que fait d'un grand art, fust tombé vistement
> S'il n'eust eu pour plancher un humide element.
>
> (II, 1061-1064)

La raison invoquée est toujours doublée de la connaissance empirique de l'artisan, qui sait dépasser les apparences pour clouer ce qui sera vraiment solide. Son meilleur instrument de jugement est le "compas", dont la métaphore elle aussi récurrente l'identifie tantôt à la raison raisonnable (VI, 911), tantôt à son dévoiement, l'empirisme matérialiste[13]. L'empirisme de Du Bartas, tout concret qu'il est, se définit comme "idéaliste" puisqu'il informe l'Idée et ne produit pas une élaboration toute humaine de lois naturelles. Tout à été réglé d'avance par le grand compasseur, le régleur et métreur universel (VII, 145).

L'ambiguïté est cependant manifeste dans toutes ces comparaisons mécanistes qui font moins apparaître le monde comme un corps organique pourvu de sang, d'artères etc. dans la bonne tradition organiciste, que le corps humain en tant qu'automate construit à l'image de ces précieuses machines volantes que les ingénieurs de l'Antiquité savaient déjà fabriquer (VI). Le corps humain est beau parce qu'il ressemble à un automate... Les métaphores artisanales et architecturales fondées sur un tel empirisme idéaliste produisent un déplacement, voire un renversement d'intérêt et de valeur: c'est le comparant qui est valorisé, l'objet fabriqué, parce qu'il représente une perfection tangible et visible que le poète projette sur une Création créée à son image.

---

[13] Il ne faut pas
    ...Compasser
    Du compas de vos sens les faits du tout puissant. (II, 739-40).

3. La "seringue" de l'esprit.

Si la maîtrise du poète est sensible dans le détail de ces incessants allers-retours du Monde au Tableau et du Tableau au Poème, elle n'en est pas moins remarquable sur le plan de la composition d'ensemble. Le poète — comme Dieu — poursuit sa besogne inspirée et "seringue" un esprit vivifiant aux sept étages du monument. Le septième jour est le moment réflexif, le jour théorique où Dieu réfléchit sur la Création et où le poète donne les clés de son propre discours. De même qu'il doit éloigner l'idée hérétique d'un Dieu qui se "repose" vraiment et qui en profiterait pour dormir, le poète propose l'image d'un artiste toujours actif et toujours présent, imposant sa marque permanente à un objet qui lui appartiendra toujours. Au vers 359, un "Doncques" bien marqué signale la volonté de supprimer la contradiction apparente entre un Dieu qui se repose et qui en même temps "besogne au regime du monde". Sa main, qui "*composa* ce grand Tout*", cesse de travailler, mais la contemplation remplace l'agitation première dans un relais d'activité. Or ces termes, "composer" et "composition" sont mis en avant dans les théories contemporaines de l'art, à partir du traité *De Pictura* d'Alberti (1436)[14]. Ils sont empruntés à la rhétorique et mettent l'accent sur la nécessité de la structure. Cette tendance, qui s'appuie sur la peinture de Giotto, insiste sur la composition d'ensemble du tableau et sur le rapport entre l'objet et le tout; elle lutte contre la tendance ekphrastique et humaniste de la *varietas,*

---

[14] Le développement qui suit utilise les analyses de Michael Baxandall, *Les Humanistes à la découverte de la composition en peinture 1350-1450*, [1971], Paris, Seuil, 1989, coll. "Des Travaux", ch. 3: "Alberti et les humanistes: la composition.".

"dissoluta" et destructurée selon Alberti et son homologue rhétoricien, Georges de Trébizonde dont le traité *De Rhetorica* est exactement contemporain. La composition picturale essaie de reprendre la hiérarchie grammaticale (mots/membres ou *commata*/propositions ou *cola*/phrase ou période) en la transposant au rapport qui unit la surface, les membres, le corps et la scène. Les correspondances avec les autres arts sont assurées par Vitruve pour l'architecture et par Cicéron pour la relation avec le corps humain.

Or, pour pouvoir mettre en évidence cet effet de structure, l'artiste a recours à la composition préalable du tableau, pendant laquelle il place les sujets au lieu adéquat en fonction du but recherché. *La Sepmaine,* dans son résultat, donne l'image d'un processus inverse, puisque c'est après coup, au septième jour, que la composition d'ensemble est donnée. C'est le moment contemplatif, où "l'infini paysage" (VII, 49) apparaît dans sa totalité. C'est le moment symétrique de celui où l'esprit de Dieu planait sur les eaux, quand la composition attendue de l'ouvrage n'était encore que le plan grossier donné par le récit de la Genèse. A la fin de la semaine, l'admiration saisit le peintre, le poète et l'auteur du monde. C'est le moment où ils produisent un métadiscours récapitulatif qui met en évidence (au risque de la répéter) la composition de l'ensemble. L'attitude du poète-peintre est à nouveau très proche de celle du Dieu d'avant la Création:

> Ainsi qu'un bon esprit, qui grave sur l'autel
> De la docte memoire un ouvrage immortel,
> En troupe, en table, au lict, tout jour, pour tout-jour vivre,
> *Discourt sur son discours,* et nage sur son livre:
> Ainsi l'esprit de Dieu sembloit, en s'esbatant,
> Nager par le dessus de cet amas flottant.
>
> (I, 289-294).

L'analogie est d'autant plus claire que Du Bartas réutilise cette expression ("discours sur discours") au deuxième jour, en l'appliquant à ses propres vers (255-260, voir *supra*). L'absence de sommeil et l'activité permanente du septième jour communes à Dieu et au poète étaient de la même manière annoncées lorsque l'auteur décrit la tranquillité de la nuit (I, 521-540): l'Eternel et l'écrivain sont les seuls à ne pas dormir. Enfin, la confusion entre l'Esprit-Saint et le souffle poétique est souvent maintenue, notamment dans les introductions des jours I, II, III et V[15]. Le début de la troisième journée souligne particulièrement l'analogie:

> Mon esprit qui voloit sur ces brillantes voutes...

Et

> ... le monde jamais n'eut changé de visage,
> Si du grand Dieu sans-pair le tout-puissant langage
> N'eust comme siringué dedans ces membres morts
> Je ne sai quel Esprit qui meut tout ce grand corps
>
> (I, 270-4)

L'esprit du poète prend le même chemin que l'Esprit divin lors de la Création. Mais la temporalité même du poème permet la simultanéité des deux esprits, puisque l'humain est une ombre proche du divin. Cette spiritualité à double entente est au cœur des ambitions stylistiques de *La Sepmaine*: en effet, l'esprit se caractérise par sa mobilité; c'est lui qui, d'un coup d'aile (ou de plume) fait passer d'un niveau à un autre, puisque, à l'instar de Dieu,

---

[15] I, 5: "épure mes esprits..."
II, 1: "tous ces doctes esprits, dont la voix flateresse..."
V, 47: "Esprits vraiments divins...".

le poète donne "façon, mouvement et ame" (I, 244) au matériau poétique. L'esprit est le vecteur et le moteur du trope: ainsi, on saisit mieux la fonction cosmique des métaphores et des autres figures si décriées car elle est un pur effet de l'enthousiasme créateur, un voyage dans l'espace illimité des injections de sens et appariements de mots. Les tropes deviennent universels et permettent, si le poète le veut, d'accéder à l'empyrée; avec eux, l'esprit proche des étoiles "monte, audacieux, estage apres estage" et des astres "remarque l'accord de leurs contraires routes" (VI, 783.)

Ce Dieu est-il vraiment "sans pair"? Le "je ne sais quel Esprit" n'est pas loin du "je ne sais quoi" des poètes.

4. La marque du poète

Jan Miernowski a analysé l'étonnante mise en abyme du jour VII, qui met en rapport le travail terminé du peintre, de Dieu et du poète, tout en le décrivant en train de se faire, tout en le donnant comme achevé et déjà contemplé. Nous pouvons même dire: déjà interprété car, si l'esprit du poète se tient au bord de l'empyrée et n'ose pas franchir nettement la ligne sacrée, il entend bien dépasser l'étage descriptif et le plancher le plus élevé pour offrir au lecteur encore une autre surface. Déjà, au sixième jour, Du Bartas signalait son intention d'aller au-delà du portrait de l'homme:

> Je veux ore tirer du pinceau de mes vers...
> ... Sur ce rude tableau guide ma lourde main
> Où je tire si bien d'un pinceau non humain
> Le Roy des Animaux, qu'en sa face on remarque
> De ta Divinité quelque evidente *marque.*
>
> (VI, 479-82)

La mise en abyme fonctionne comme une mise en perspective, un effet de relief donné par la main divine guidant la main humaine pour tracer le portrait de celui qui est déjà le portrait de Dieu...:

> Là rien tu ne verras de parfaitement beau,
> Que la plume, le fer, le moule ou le pinceau,
> N'ait si bien imité, que nostre œil peut à peine
> Discerner le vray corps d'avec sa *forme vaine*.
>
> (VI, 817-820)

Ces vers qui auraient pu figurer dans certains traités d'esthétique de la Renaissance, sont d'autant plus remarquables qu'ils nomment "vaine" (un adjectif cher aux baroques) la forme la plus parfaite. On retrouve cette idée jusqu'à Bellori (1664) quand il rapporte les propos de Proclus sur le *Timée*: l'homme naturel a moins de prestance que l'homme sculpté[16]. Pour Du Bartas, une "docte peinture" est une "autre nature", qui vaut la première parce qu'elle allie la méthode empirique de l'observation et du choix des meilleurs éléments à la composition d'une image intellectuelle déjà parfaite dans son œil mental[17]. Là s'opère le dépassement de l'origine naturelle de la forme, puisque tout se tire de l'esprit divin que le poète a "peint" d'après ses effets.

---

[16] Pour cette question du rapport entre la nature et l'art, voir Rensselaer W. Lee, *Ut Pictura poesis. Humanisme & Théorie de la Peinture. XVᵉ-XVIIIᵉ siècles*, [1967], Paris, Macula, 1991, et bien entendu, Erwin Panofsky, *Idea. Contribution à l'histoire du concept de l'ancienne théorie de l'art*, [1924], Paris, Gallimard, 1983. Giovanni Bellori, *L'Idea del pittore, dello scultore e dell'architetto*, publié en 1674; cité par R.W. Lee, p. 29-33.

[17] Voir Lee, *op. cit.*, p. 32.

La superposition audacieuse de l'activité artistique et de la contemplation divine se réalise également dans l'appropriation du temps:

Le Peintre qui, tirant un divers paysage...
A, *pour s'éternizer,* donné le dernier traict...

(VII, 4)

A force de lire, dans les commentaires sur la Genèse, que Dieu a construit le monde comme un architecte ou un peintre qui aurait dans son esprit l'Idée parfaite de l'œuvre à venir, il devait en retomber, par un juste retour des choses, quelque profit pour le peintre ou l'architecte: leur œuvre possède tellement les caractéristiques de l'œuvre divine que le Dieu de Du Bartas prend modèle sur la perfection de l'art pour parachever son œuvre et se plaire en sa contemplation.

Dans la description du tableau imaginaire qui ouvre le septième Jour, les détails trahissent l'œuvre humaine: le bocage, le sentier, le chemin battu, le chêne abattu, les carreaux d'un parterre, l'arquebusier (avec le rouet, l'amorce, le plomb), les bergers, la cage, la foule, les bœufs, le coutre, la pastourelle, la fontaine, le château, la cité, la nef... Ce sont des éléments qui ont pu servir, par métaphore, à décrire la Création des jours précédents; à l'inverse, le recours à la Nature comme comparant permet d'assimiler le coup de fusil à un "foudre esclatant" (24). Le même procédé se retrouve dans la deuxième partie, où Dieu en personne contemple son œuvre "naturelle" restituée par des métaphores humaines: les bourgeois de la mer, les champs passementez, ces quatre "frères" que sont les éléments. Où est le modèle, et de quoi? La parfaite réversibilité des tropes jette le doute sur l'ordre des inclusions: est-ce vraiment le Monde qui comprend le tableau de l'artiste ou le contraire? Quelle est la "forme vaine", puisque la vraie forme vaut moins que celle qui l'imite?

Un élément manque cependant au tableau: l'agneau "toujours muet" "semble bêler" (8), comme la bergère semble chanter:

> On diroit qu'elle entonne une douce chanson. (36)

Il ne manque que le son, alors que Dieu dans sa visite terminale entend le chant des oiseaux. C'est là que, après avoir tiré de la comparaison plastique le profit immense de la ressemblance "au vif" et de la composition fleurie, la poésie retrouve une supériorité qui lui permet de dépasser cette regrettable mutité.

3. L'œuvre comme signe

La sémiologie de *La Sepmaine* est assez élémentaire: le monde est un signe de Dieu, comme un effet qui renvoie à sa cause. Jan Miernowski a analysé cette inférence primitive comme l'un des lieux favoris de la dialectique humaniste. Nous rajouterons que le *signum* appartient en même temps à la logique analytique (inférence), à la topique et à la rhétorique. En tant qu'inférence logique le *signum* serait présenté de la façon suivante:

> "Si le monde est, Dieu est"[18]

Le poète passe les six premiers jours de *La Sepmaine* à dire que "le monde est". En outre, pour compléter cette

---

[18] Voir notre article, "«Si les signes vous faschent...»: inférence naturelle et science des signes à la Renaissance", à paraître dans *Renaissance, Humanisme, Réforme*, juin 1994.

sémiologie de base, le poème est le "signe" de ce monde. Nous pouvons empiriquement constater l'existence et du monde et du poème, et nous rapporter idéalement et "empyriquement" à l'Idée commune qui a présidé à la construction des deux ensembles. Cependant, le poème n'est pas la représentation purement langagière du monde. Il n'en est pas la simple graphie qui reproduirait en signes linguistiques les formes de la Nature. Il en est vraiment le "signe", au sens où le poète veut faire plus que "dire". Le poème est un objet esthétique, signe d'un autre objet esthétique qu'est le monde-tableau. Cette transposition nous a servi jusqu'ici à expliquer les parallélismes entre le style élevé/fleuri du poème et le tableau sublime/divers du divin Tableau. Mais la fonction esthétique commune, qui ferait se superposer exactement le tableau dit et le tableau peint, laisse voir que le premier déborde sur le second parce que précisément la peinture est "muette". Le poème rajoute une fonction supplémentaire, éthico-théologique cette fois et développée dans la morale du livre VII: ce que nous devons faire de ce tableau et comment l'interpréter.

Ce sens tropologique, qui apparaît comme un supplément imprévu, vient surligner le blason du monde des six jours précédents. Il ne s'agit plus seulement de prouver sémiologiquement l'existence d'un Dieu mécanicien, horloger, naturaliste, etc., mais de déduire une morale de la contemplation de toutes ces beautés. Il faut lire

> En la voute astree
> Dans la mer, dans la terre, et dans l'air eventé,
> Son provoyant conseil, son pouvoir, sa bonté.

(436-8)

Comme le préconisait Raymond Sebond dans sa *Theologie Naturelle,* cet enseignement s'adresse à tous, doctes et non-doctes. La valeur "didascalique" du tableau est supérieure à un sermon qui ne ferait pas appel aux techniques de l'*evidentia*, parce que l'œuvre plastique est supposée ressembler, plus que les mots, aux formes idéales. Ce sont ces formes idéales qui sont imitées et non des objets singuliers. Le poète parle de la baleine, de l'homme, de l'architecte, et non de tel ou telle. Le topos de la cire et du cachet (II, 193) reprend à son tour l'argument scolastique mille fois répété de la constitution des formes idéales dans l'esprit divin.

Dans les théories de l'art contemporaines, étudiées par Erwin Panofsky et R.W. Lee, une hésitation intéressante apparaît précisément dans la deuxième moitié du XVIe siècle: chez Dolce (1557), la source de l'imitation est dans la nature (c'est-à-dire dans l'idée de la nature présente dans l'esprit de l'artiste); chez Lomazzo (1585), cette imitation a sa source en Dieu[19]. La première interprétation se trouve dans le droit fil de la réflexion esthétique d'Alberti et de Vasari qui allie l'observation directe (ce que nous avons appelé l'empirisme de Du Bartas) et la soumission à l'Idée (l'idéalisme ou "empyrisme"). Le terme d'Idée (utilisé une seule fois par Du Bartas) donne une vague teinture de néoplatonisme à ces théories de l'art qui restent avant tout fidèles à la *mimesis* aristotélicienne.

Nous avons vu que la réversibilité des tropes et les positions interchangeables du peintre, du poète et de Dieu rendaient un peu trop artistique un Monde qui échappe à la théologie. Le style élevé, loin de toucher à l'empyrée,

---

[19] Voir R.W. Lee, *Ut Pictura Poesis...*, *op. cit.*, ch. 1 et 2. Lodovico Dolce, *Dialogo della pittura intitolato l'Aretino*, Venise, 1557; Giovanni Paolo Lomazzo, *Trattato dell'arte della pittura, scoltura et archittetura*, Milan, 1585.

ne frôlerait le sublime que pour le ramener sur la terre des savants et des artistes. C'est pourquoi le poète se donne *in extremis* la tâche de doubler d'un "son" ce tableau trop muet: le sens moral. Comme si nous n'avions pu voir que la façade, le poète donne à entendre l'intérieur du bâtiment: derrière la pluie, il faut entendre désormais les pleurs divins; derrière la perfection du corps humain, le modèle d'un Etat équilibré, sans dissensions politiques ni religieuses:

> De moy, je ne voy point en quel endroit le Sage
> Puisse trouver çà-bas un plus parfait image
> D'un estat franc de bruits, de ligues, de discords,
> Que l'ordre harmonieux qui fait vivre nos corps.
>
> (697-700)

L'*image* est ici à comprendre comme un terme de "seconde intention": non pas comme la représentation directe du corps telle qu'elle nous avait été donnée à voir lors de sa création, mais telle qu'elle est ici dans sa valeur de modèle et de prescription. C'est l'au-delà auquel le poète peut prétendre: une leçon de morale politique. Le Ciel et la Terre se rejoignent dans la contemplation idéale de la meilleure société possible.

*

La pratique d'un style élevé s'appuie donc sur une sémiologie et une herméneutique: derrière la Nature, il faut lire Dieu; derrière Dieu, se profile l'ombre vive de l'artiste; derrière l'artiste, le poète, ombre vaine et combien plus vraie puisqu'elle possède la parole qui manie les styles. La pratique d'un style divers invite le lecteur à bousculer les hiérarchies et à se transporter, grâce aux véhicules des métaphores, de l'autre côté du tableau: là où peut s'effectuer, dans la pure sérénité du texte écrit, une lecture sabbatique de la complexité du monde, sans foudre ni tempêtes.

Marie-Luce DEMONET

DU BARTAS,
LA SEPMAINE, "LE PREMIER JOUR"

Le Premier Jour a pour sujet les versets suivants de la *Genèse* (I, 1-5), donnés ici dans la version établie par le pasteur Simon Goulart en tête de son édition de *La Sepmaine*:

"1. Dieu créa au commencement le Ciel et la Terre. 2. Et la Terre estoit sans forme et vuide, et les tenebres estoyent sur le dessus de l'abysme: et l'Esprit de Dieu couvoit le dessus des eaux. 3. Lors Dieu dit, Que la LUMIERE soit, et la lumiere fut. 4. Dieu vid que ceste Lumiere là estoit bonne, et fit distinction entre la lumiere et les tenebres. 5. Lors Dieu appella ceste lumiere Jour, et appella les tenebres Nuict: et fut le soir et le matin, le premier jour"[1].

---

[1] Dans *La Sepmaine, ou Creation du monde, de G. de Saluste, seigneur du Bartas. [...]*, Paris, Jaques Chouet, 1581, fol. ¶ iij r°-v°. Goulart dit qu'il traduit "apres Immanuel Tremellius et François du Jon tresdoctes personnages de nostre temps": ce sont deux biblistes qui ont publié à Genève en 1569 une traduction de la version syriaque du *Nouveau Testament*. Les 766 vers écrits par Du Bartas s'inscrivent dans une triple tradition. D'abord celle des commentateurs de la *Genèse*. Le plus grand nombre de commentaires catholiques se situe entre 1550 et 1650, les Jésuites succédant aux Dominicains à partir de 1580, selon Jean Orcibal, "Genèse, 1, 1-2, chez les commentateurs catholiques des XVIe et XVIIe siècles", *In Principio. Interprétations des premiers versets de la Genèse*, Paris, Etudes Augustiniennes, 1973, p. 267-283. Ensuite celle du poème cosmologique, particulièrement développé à la Renaissance: outre quelques-uns des *Hymnes* (1555-1556) de Ronsard, il faut

Le texte de Du Bartas comprend deux grandes parties: une exposition générale (v. 1-406) dont l'histoire va de la création du monde à la résurrection des corps; le récit de la formation du monde (v. 407-766), qui traite de l'ordon-

---

mentionner en particulier les œuvres de Pontano (*Urania*, 1491), Peletier (*Amour des Amours*, 1555), Scève (*Microcosme*, 1562), Jean-Antoine de Baïf (*Le Premier des Meteores*, 1567), Guy Le Fèvre de La Boderie (*L'Encyclie*, 1571), Tycho-Brahé (*Urania*, 1573). Enfin celle des *Hexaemera*, c'est-à-dire des textes exégétiques portant sur les six jours de la Création. L'*Hexaemeron* de saint Ambroise (333-397) paraît en 1490. Kurt Reichenberger, *Die Schöpfungswoche des Du Bartas*, Tübingen, 1963, t. II ("Themen und Quellen"), 1963, p. 9-11, cite la publications des textes de Grégoire de Naziance, Grégoire de Nysse, de Juvencus Hispanicus et d'Avitus de Vienne. Luzius Keller, *Palingène. Ronsard. Du Bartas. Trois études sur la poésie cosmologique de la Renaissance*, Berne, Francke, 1974, p. 110, mentionne la préface élogieuse d'Erasme à l'édition grecque (1532) de l'*Hexaemeron* (sous la forme de neuf homélies) de saint Basile (évêque de Césarée de 370 à 379) et le recueil de Fédéric Morel (1560) comprenant les *hexaemera* de Cyprien, Marius Victor, Avitus de Vienne et Dracontius. Il faudrait examiner l'influence sur Du Bartas de l'*Hexaemeron* de Georges Pisidès que publie F. Morel en 1584. Saint Augustin exerce sur Du Bartas, comme sur Calvin, une grande influence: ici en particulier pour sa *Genèse au sens littéral*, pour ses *Confessions* (livres XI, XII et XIII) et pour sa *Cité de Dieu*. En ce qui concerne les sources, voir U.T. Holmes, J.C. Lyons, R. W. Linker, *The Works of Guillaume De Salluste Sieur Du Bartas*, Chapel Hill, The University of North Carolina Press, 1935, vol. I, p. 111-129. On pourrait rapprocher le texte de Du Bartas de *La Création*, poème d'Agrippa d'Aubigné, inédit jusqu'en 1874: voir sur ce sujet l'article de Marie-Madeleine Fragonard, "Patristique et pensée protestante: de l'*Hexaemeron* de saint Basile à *La Création* d'Agrippa d'Aubigné", *Revue d'Histoire Littéraire de la France*, LXXVII, janvier-février 1977, p. 3-23. Le genre de l'*hexaemeron* est renouvelé, à la fin du XVe siècle, par le traité de Jean Pic de La Mirandole, *Heptaplus, de septiformi sex dierum Geneseos enarratione*, traduit par Nicolas Le Fèvre de La Boderie sous le titre *Heptaple* à la suite de la traduction par son frère Guy de *L'Harmonie du Monde* de Georges de Venise (Paris, Jean Macé, 1578).

nancement du chaos, de la création de la lumière, de celle de la nuit et de celle des anges (ce dernier passage introduisant une réflexion sur la présence du mal dans le monde).

Le récit biblique du premier jour est un de ceux de la *Genèse* qui a été l'objet des analyses les plus nombreuses et les plus profondes car on y trouve posées les questions fondamentales que développe la philosophie grecque. Son exégèse va permettre la récupération de la pensée conceptuelle antique et en même temps la mise en valeur de la spécificité de la doctrine chrétienne.

Du Bartas aborde dans sa première partie les questions que l'on rencontre dans la plupart des ouvrages théologiques de son temps. Il adopte, à peu près, pour chacun des points discutés le plan suivant: exposition de l'idée générale; exposition et réfutation de la thèse erronée; exposition de la vérité[2]. Il est proche de la démarche choisie, après Aristote[3], par saint Thomas d'Aquin dans sa *Somme Théologique*.

Le premier jour est un poème "didascalique", pour reprendre l'adjectif employé dans l'*Advertissement*[4]. Du

---

[2] On trouve cette séquence type par exemple dans les vers 25 à 75: 25-30: que faisait Dieu avant la Création?; 31-56: réfutation de l'opinion du "blasphémateur"; 57-75: Dieu avant la Création.

[3] Voir par exemple *Physique*, IV, 6-9, le passage sur le vide.

[4] *La Sepmaine*, éd. Y. Bellenger, Paris, S.T.F.M., 1981, p. 346. Le *Sommaire* donné par Goulart (éd. cit. note 1, p. 1) permet de voir quel type de lecture était fait et attendu de *La Sepmaine* dans les années qui suivirent sa parution: "Le Poete ayant invoqué le vray Dieu, et declaré son intention estre de descrire la creation du monde, avant qu'entrer en matiere touche quelques points necessaires pour bien entendre les discours suivans. Des le commencement donc il monstre que le monde n'est pas eternel, ains a esté fait, non point à l'avanture, ni pour durer tousjours: que Dieu estoit avant le monde: puis respondant aux curieux qui veulent savoir que faisoit l'Eternel avant que creer le monde, il traite

Bartas se distingue de certains de ses contemporains par son désir d'exposer en poésie des questions qu'ils ont refusées[5]. Il attaque les "esprits subtils" (v. 85), c'est-à-

---

briefvement des trois personnes en une seule essence divine, de la generation eternelle du Fils, item du S. Esprit, nous aprenant de penser et parler de Dieu avec une autre adresse que n'ont fait les philosophes payens. Cela deduit, il vient à la creation, et discourant derechef sur l'humble affection que chacun doit apporter en la consideration des creatures, et sur le profit que l'on peut tirer de la contemplation d'icelles, il dit que Dieu crea de rien la matiere de ses œuvres celestes et terrestres, l'appellant Cahos, maintenue d'une façon incomprehensible par l'Esprit de Dieu. Consequemment il refute ceux qui ont imaginé plusieurs mondes: qui ont fait nature: les cieux infinis, et les fantastiques qui presument de dire quand le monde finira. Reprenant son propos, il monstre quelle forme Dieu donna à la matiere qu'il avoit creee de rien, pourquoy il employa six jours à ses oeuvres: et vient à l'œuvre du premier jour, asavoir à la creation de la lumiere, de la matiere et utilité de laquelle il traite amplement en peu de vers: et adjouste la raison pourquoy Dieu ordonna les revolutions du jour [p. 2] et de la nuict. Restoit de mettre fin au premier livre: mais avant que ce faire, il adjouste un recit de la creation des Anges, dont les uns decheus de leur origine et pureté par leur orgueil, sont devenus ennemis de Dieu et des hommes: les autres soustenus en leur premier estre par la puissante bonté de leur Createur, servent à sa gloire et au bien de son Eglise. Il descrit donc le naturel, les occupations, efforts et services des uns et des autres, amenant pour cest effect plusieurs exemples tirez des histoires sainctes".

[5]   C'est ainsi que Guy Le Fèvre de La Boderie n'accepte pas de répondre aux questions qu'il attribue à ceux qui osent "pleinement denier Dieu et sa Providence": voir *L'Encyclie des Secrets de l'Eternité*, Anvers, Christofle Plantin, 1571, "Advertissement", p. 3. Ces gens, principalement des averroïstes de l'Université de Caen, apparaissent comme des tentateurs: "[...] me voyant en ma premiere adolescence me proposoyent des doutes touchant la Creation du Monde: que faisoit Dieu avant icelle, où il estoit, où l'on pourroit assigner le lieu des Enfers, et telles autres questions vaines et curieuses". Ces questions ont pour but de plonger l'homme dans un "abîme de doute". Dieu les considère de la manière suivante dans l'*Imitation de Jésus-Christ* (Paris, Garnier, 1958, p. 284): "Quidam non sincere coram me ambulant; sed quadam

dire les rationalistes (appelés plus loin les "hommes chiens"[6]), et rejoint Calvin dont la méfiance pour les arguties théologiques[7] entraîne la condamnation de l'allégorie et le souhait d'une analyse littérale[8]. Du Bartas s'attache à rester au plus près du sens littéral de la *Genèse*[9] et blâme la curiosité impie dont font preuve les

---

curiositate et arrogantia ducti, volunt secreta mea scire et alta Dei intelligere, se et suam salutem negligentes".

[6] Vers 104. Je ne crois pas qu'il faille, comme le suggèrent Holmes, Lyons et Linker dans leur note, restreindre la portée de cette attaque aux seuls philosophes cyniques.

[7] Voir *L'Institution de la religion chrestienne*, livre I, chapitre XIV, paragraphe 4, éd. J.-D. Benoît, Paris, Vrin, 1957, p. 188: "Afin de ne faire plus long procès, qu'il nous souvienne qu'icy aussi bien qu'en toute la doctrine Chrestienne il nous faut reigler en humilité et modestie, pour ne parler ou sentir autrement des choses obscures, mesme pour n'appéter d'en savoir, que comme Dieu nous en traite par sa Parolle; puis après que nous devons aussi tenir une autre reigle, c'est qu'en lisant l'Escriture nous cherchions continuellement et méditions ce qui appartient à l'édification, ne laschant point la bride à nostre curiosité, n'à un désir d'apprendre les choses qui ne nous sont point utiles". Voir aussi II, V, 19, p. 105-106. J.-D. Benoît, p. 105 n. 7, cite le texte suivant de Calvin (*Commentaire à II Corinth. 3, 6*): "Ceste erreur que la lecture de l'Escriture serait non seulement inutile, mais dangereuse, si elle n'estoit tirée à allégorries) a esté une source de beaucoup de maux. Car non seulement on a prins licence de corrompre et desguiser le vray et naturel sens de l'Escriture, mais aussi selon qu'un chacun a esté plus hardi en cest endroit, d'autant l'a-on estimé plus excellent expositeur de l'Escriture. Par ce moyen, plusieurs des anciens se sont donné congé de jouer de l'Escriture comme d'une pelote".

[8] C'est une des règles de la Réforme. D'où le travail des catholiques qui entendent développer les analyses du sens littéral afin de réfuter les Réformés sur leur terrain. On comprend ainsi comment *La Sepmaine* peut être à la fois objet de commentaires pour un protestant (Goulart) et pour un catholique (Thévenin).

[9] Et de saint Basile qui souligne par exemple dans sa deuxième homélie qu'il ne faut pas lire dans le mot "ténèbres" une allusion à l'esprit du mal, sauf à tomber dans l'idée d'un puissance opposée à celle de Dieu,

Grecs (v. 346). Elle est liée à leur bavardage (v. 346: "disputez"; v. 348: "debatez"), à leurs "subtils discours d'une vaine science" (v. 551) et à leur esprit d'orgueil (v. 39). Il y a des points que le récit mosaïque a voulu laisser dans l'ombre: celui, par exemple, de savoir ce que faisait Dieu avant la Création[10]. Question proprement diabolique puisqu'elle vient provoquer le texte au lieu de le servir et tente d'établir un commentaire qui porte sur un point "hors du texte": absurdité d'ordre logique et, surtout, *libido sciendi* d'une créature qui, en voulant savoir ce que le Créateur lui a défendu de connaître[11], réitère en quelque sorte le péché originel. Cette question prouve également une incapacité d'abstraction puisque Dieu est conçu comme anthropomorphe et que toute chose ne peut être appréhendée qu'en fonction des schèmes qu'impose le temps. Du Bartas s'attache par conséquent à conduire progressivement le lecteur vers une conception de Dieu dégagée de toute relation avec le

---

c'est-à-dire dans le manichéisme.

[10] Vers 31-56. Pour saint Augustin, c'est une question posée par les manichéens et les néo-platoniciens: voir *Confessions*, XI, X, 12, à propos du problème du temps. Cette même question est également traitée dans *La Cité de Dieu*, XI, 4. Calvin, *Institution*, I, XIV, 1, reprend la boutade de saint Augustin, *Les Confessions*, XI, XII, 14, sur la création de l'Enfer pour ceux qui osent poser de telles questions. Goulart, dans ses manchettes (éd. cit. note 1, p. 3), considère cette question comme une "objection des Athéistes".

[11] La désapprobation de l'astrologie divinatoire (v. 371-384) est à cet égard significative. La Bible la condamne (*Deutéronome*, XVIII, 10); c'est une occupation de païens (v. 371: "de foy vuides", et 691 *sq.*) vivement réprouvée au vers 379 parce qu'elle veut connaître "les plus secretes choses". Ce qui constitue un véritable acte de sorcellerie, comme le dit Calvin, *Advertissement contre l'astrologie judiciaire*, éd. crit. par O. Millet, Genève, Droz, 1985, p. 96. Voir également saint Basile, *Hexaemeron*, homélie VI, 54 E-57 B.

monde sensible. Après avoir développé le portrait d'un Dieu "absolu" (v. 25-30), il dit que Dieu "ne mendie rien" (v. 54), qu'il fait regorger l'Océan de richesses (v. 55-56), enfin qu'il admire "sa Gloire" (v. 60). Du Bartas développe à ce propos deux attaques contre les néo-platoniciens. La première porte sur le temps et reprend l'idée exposée au vers 21: le temps antérieur à la Création n'existe pas car, en tant que créature de Dieu, il naît avec la Création[12]. La seconde porte sur l'idée de repos. Pour Plotin, Dieu, impassible, est "en repos éternel" (*Ennéades*, V, 4, 2, 15-20). Du Bartas souligne donc, à l'inverse, l'absence de "morne paresse" (v. 36), l'"exercice" (v. 59), tout en précisant aussitôt que son "exercice" ne consiste pas en une sortie hors de soi, mais en une admiration de soi (v. 60): il ne faut pas que Dieu agisse, au risque de devenir une créature[13].

Il existe, certes, une curiosité pieuse, celle que mentionne le livre des *Proverbes* (XXV, 2):

"C'est la gloire de Dieu la parole cacher,
C'est la gloire des Rois la parole chercher"[14].

Elle doit être soumise à la contemplation d'une totalité à laquelle tendra toute représentation de détails. L'interrogation sur ces détails est de peu d'intérêt, comme le note

---

[12] Vers 21-24. Voir saint Augustin, *La Cité de Dieu*, XI, VI; "Il est donc incontestable que le monde a été fait non dans le temps mais avec le temps" (trad. E. Tréhorel et G. Bouissou, Paris, Desclée de Brouwer, "Bibliothèque augustinienne", 1962, p. 51). Voir aussi *Les Confessions*, XI, XIII, 15.

[13] Voir saint Augustin, *Les Confessions*, XI, XII, 14.

[14] Versets traduits par Guy Le Fèvre de La Boderie et placés avant le début du premier cercle de *La Galliade* (1578).

Goulart aux vers 25-26 en disant que Du Bartas suit l'Ecriture "sans extravaguer en des spéculations frivoles".

Du Bartas n'hésite donc pas à souligner son refus d'un approfondissement théologique[15], tout en adoptant un ton bien souvent polémique[16]. Il s'inscrit ainsi dans la lignée des apologistes protestants de la fin du siècle, parmi lesquels Pierre Viret (*Instruction chrestienne de la doctrine de la loy et de l'Evangile*, 1564), Du Plessis-Mornay (*De la Vérité de la religion chrestienne contre les athées, épicuriens, payens, juifs, mahumedistes et autres infideles*, 1578) ou Georges Pacard (*Théologie naturelle ou recueil contenant plusieurs argumens prins de la nature contre les épicuriens et athéistes de nostre temps*, 1579). Il renforce cette dimension polémique par des interventions d'auteur: utilisation du présent, de "je", des interjections (les "Quoy ?" qui rythment, à l'initiale, les vers 41 à 52), des interrogations (un des moyens rhétoriques utilisés par l'apologétique[17]). Une voix, sans cesse

---

[15] Vers 93-98 et 551-552. Cf. Calvin, *Institution*, III, XXV, 11 (éd. cit. note 7, p. 493): "Quant à moy, non seulement je me déporte en mon privé de m'enquerir de choses superflues et inutiles, mais aussi je me veux donner garde qu'en respondant à beaucoup de curiositez, je ne nourrisse le mal que je doy réprimer".

[16] Simon Goulart ne manque pas de le souligner à la suite de sa remarque au vers 314, à propos de la théorie de Leucippe; il poursuit en effet de la sorte: "Le poete refute solidement tels erreurs, et maintient avec les vrays Philosophes qu'il n'y a qu'un monde, cree de Rien par le Tout Puissant en certain temps. Voyez Plutarque, au premier livre des opinions philosophiques, et Aristote, ès livres où il dispute de la philosophie naturelle, contre ceux qui s'establissoient des principes infinis" (éd. de 1611, p. 20 n. 46).

[17] On pourrait ainsi comparer les vers 123 *sq.* de Du Bartas aux *Confessions*, XI, V, 7 (trad. E. Tréhorel et G. Bouissou, Paris, Desclée de Brouwer, "Bibliothèque augustinienne", 1962, p. 283) de saint Augustin.

présente, entraîne la poésie de Du Bartas du côté d'un
"dit" qui, par moments, entonne la trompette de l'hymne.
Le narrateur est à la fois extérieur à l'histoire qu'il
raconte (comme le prouve l'invocation à Dieu) et intérieur
puisqu'il fait partie du monde dont il décrit la formation.
Il joue, par bien des aspects, le rôle du héros d'un "poème
de formation" (comme on parle d'un "roman de formation"). Il entretient en effet des rapports fréquents avec
l'histoire. Interrompant son discours pour parler de lui (v.
537-542), il s'adresse aux personnages dont il raconte
l'histoire (v. 543 *sq.*), fait part de ses incertitudes (v. 543
sq.) ou de ses admirations (v. 439 *sq.* à propos de la
lumière), précipite le récit pour manifester sa véhémen-
ce[18]. C'est que la création de ce poème est pour lui un
"lointain voyage" (v. 760): il y aura changement de
paysage, mais aussi transformation du narrateur dans ce
monde qui est "en travail"[19] comme on parle d'une
femme "en travail", c'est-à-dire qui va produire, à partir
d'une absence de forme, une forme vive.

*

La première des critiques porte sur la conception de
l'éternité du monde (v. 13-24). C'est un des points
importants de la doctrine aristotélicienne (*Du Ciel*, I, 10-
12) comme le souligne saint Ambroise (*Hexaemeron*, I, 1,
3). Il faut la combattre pour poser la finitude du monde
dans le temps et dans le lieu, c'est-à-dire marquer l'idée

---

[18] Voir par exemple l'usage de l'épizeuxe: v. 385 ("c'est alors, c'est
alors"); v. 447; 483; 507; 720.

[19] Voir Philippe Desan, "*Un labeur sans labeur*: le travail divin dans *La
Sepmaine* de Du Bartas", *Du Bartas. 1590-1990*, études réunies et
publiées par J. Dauphiné, Mont-de-Marsan, Editions Inter-Universitaires,
1992, p. 371-393.

d'une naissance (v. 13 *sq.*) et donc d'une fin (v. 19-24) vers laquelle ce monde s'achemine (dès le vers 353). C'est ainsi qu'il faut comprendre l'enchassement du futur dans les vers 19-20: "causera", parce qu'affirmer la naissance, c'est en même temps affirmer la corruption, comme l'explique Aristote (*Du Ciel*, I, 10, 279b) qui détruit de cette façon la conception platonicienne d'un monde tout à la fois créé et éternel[20]. Partant, la matière ne saurait être éternelle, comme le pense Démocrite (v. 16-18), en disciple de Leucippe (cité v. 314). Cette position est essentielle en ce qu'elle empêche de considérer la matière comme un principe indépendant, et donc de concevoir l'idée d'un chaos initial que Dieu serait venu ordonner. De plus, attaquer nommément Démocrite, c'est signifier le choix d'une position anti-philosophique, tant ce philosophe est loué dans l'Antiquité: "laudatum a ceteris" dit de lui Cicéron (*De finibus*, I, 6, 21) qui ne cesse de lui rendre hommage (par exemple dans le traité, lu par Du Bartas, *De natura Deorum*, I, 43, 120). L'attaque permet aussi d'écarter la pensée d'un monde créé au hasard (v. 16: "Fortune"), suivant les théories atomistes exposées par Epicure et par Lucrèce.

La critique portant sur la pluralité des mondes (v. 309-334) vise la conception développée par Leucippe, que cite

---

[20] "Non semper fuisse et semper fore", suivant l'expression de saint Ambroise, *Hexaemeron*, I, 1, 3. Sur le fait que la formule d'Ambroise simplifie considérablement la position de Platon car le temps est né avec le monde, voir Jean Pépin, *Théologie cosmique et théologie chrétienne*, Paris, P.U.F., 1964, p. 85-86. Saint Basile, *Hexaemeron*, homélie I, reprend l'idée d'Aristote: "Ce qui a commencé avec le temps doit de toute nécessité finir aussi avec le temps" (trad. S. Giet, Paris, Le Cerf, 1968).

saint Basile dans sa première homélie sur l'*Hexaeme-ron*[21]. Du Bartas s'en écarte au nom de la raison (v. 313). Comme le dit Claude-Gilbert Dubois,

> "la réfutation s'appuie sur deux arguments: celui de la pesanteur qui, dit-il [Du Bartas], aboutirait à un entasse-ment des mondes vers le bas, et l'argument qui consiste à refuser le vide dans la nature. Vision traditionnelle, quelque peu élémentaire, et soumise aux catégories épicuriennes de l'espace infini par une extrapolation qui consiste à générali-ser dans l'espace cosmique les données de la perception grossière de l'espace terrestre"[22].

L'absence du vide est donnée quelques vers plus loin (v. 319-324) comme un argument supplémentaire: pour permettre le tournoiement de plusieurs mondes il faudrait entre eux des espaces vides qui éviteraient les heurts. Or la matière n'est pas "poreuse", aucun liquide ne filtre à travers un tonneau (v. 324-326), le froid lui-même ne parvient pas à geler l'eau enfermée dans un flacon bien bouché

> "Tant et tant à tous corps le vuide est odieux"[23].

---

[21] Paragraphe 2. Il ne cite pas Démocrite ici, contrairement à saint Ambroise, I, 1, 3.

[22] *La Conception de l'histoire en France au XVIᵉ siècle (1560-1610)*, Paris, Nizet, 1977, p. 344.

[23] Vers 334. La source de ce passage est sans doute le *De finibus*, I, 5, de Cicéron, comme l'indiquent Holmes, Lyons et Linker, *op. cit.* note 1, vol. II, p. 206. Est visé ici Lucrèce, *De natura rerum*, I, 329-458, et surtout 346-369 où se trouve émise l'idée que le vide est mêlé aux corps. La critique de la théorie du vide est exposée par Aristote, *Physique*, IV, 6-9.

La création pose le problème de son effectuation. Dieu ne pouvant avoir travaillé (v. 179 *sq*.), elle doit être l'effet de la seule Parole[24]. Il faut en effet que la création ait lieu à partir du néant (*ex nihilo*): c'est avant tout sur ce point que s'établit la puissance divine. La question de l'Archétype (v. 64) semble renvoyer à une position commune à l'époque, et qui est plus plotinienne que dionysienne dans la mesure où elle constitue une image plus qu'une idée. Goulart, dans son commentaire, corrige immédiatement ce risque d'erreur:

"Ceste raison, contre les Athées, est prise de la doctrine de Platon. Ceux qui ont esté de cest advis mesme entre les Theologiens, n'entendent pas que cest Archetype soit eternel, ny que ce soit une chose creee avant les autres: mais considerans que la science de Dieu embrasse toutes choses comme presentes, ils ont dict qu'iceluy estant la cause efficiente de toutes choses, et apparu en la creation d'icelles, il faut dire que l'idee, la forme et l'exemplaire d'icelles estoit en la science et l'intelligence de Dieu, cest à dire en luy mesme, de toute eternité"[25].

La correction est d'importance. Elle empêche un glissement du texte vers une "Idée archétypale" que le lecteur pouvait concevoir comme une essence séparée de Dieu. Elle souligne la simultanéité des actions en Dieu, c'est-à-dire qu'elle signale au lecteur qu'il ne doit tenir compte de la notion de succession temporelle que pour se rendre intelligible une création qui a été (et qui est, comme on

---

[24] Vers 19. Voir aussi v. 217, en liaison avec saint Augustin, *Les Confessions*, XI, VI-VIII.

[25] Commentaire qui se trouve dans l'édition Du Bray, 1611, p. 7.

le verra plus loin) simultanée[26]. La Création doit sortir, dans le néant absolu, de la seule volonté divine, sans se trouver prise dans les multiples aventures que rapporte la mythologie grecque. Dieu n'a

> "[...] rien qu'un Rien pour dessus luy mouler
> Un chef d'oeuvre si beau, [...]" (v. 193-194).

Du Bartas entend proposer une explication claire, simple et totale du texte de la *Genèse* pour qu'aucun doute ne subsiste dans l'esprit du lecteur. Suivant une tradition de l'apologétique chrétienne largement reprise dans les textes du XVIe siècle, il vise principalement les Grecs et refuse, en quelques vers (v. 345-352), d'examiner trois questions débattues par Aristote dans le traité *Du Ciel* (I, 3) particulièrement lu à la Renaissance: sphéricité des cieux, génération et corruption du monde sublunaire et, avant ces deux points, question de la quintessence, déjà posée par saint Ambroise (*Hexaemeron*, I, 6, 23: "quintam quandam naturam"). Naturellement, saint Ambroise condamne l'éventualité de la présence de cet élément: une telle position induirait l'éternité du ciel, et donc l'impossiblité d'une "ruine" du "grand Tout" (v. 352). Du Bartas, comme saint Ambroise, s'appuie sur saint Matthieu (XXIV, 35: "Le ciel et la terre passeront") et sur les Psaumes 101 (versets 26-28) et 148 (verset 5)

---

[26] Voici ce que dit saint Ambroise, *Hexaemeron*, I, 1, 1: "A quel degré d'outrecuidance les hommes n'en sont-ils pas venus! Les uns placent à l'origine de tout trois principes, Dieu, le modèle et la matière; ainsi font Platon et ses disciples; ils les déclarent incorruptibles, incréés, sans commencement; Dieu n'est pas pour eux le créateur de la matière, mais un artisan qui, les yeux fixés sur son modèle, c'est-à-dire sur l'idée, a fait le monde à partir de la matière; [...]" (trad. Jean Pépin, *op. cit.* note 20, p. 12).

pour souligner le fait que le ciel n'a pas été créé avant la terre et qu'il n'est pas d'une autre matière. Le cosmos et, en fin de compte, la création elle-même sont ramenés à l'unité.

*

Tout en maintenant la complexité des questions théologiques, Du Bartas parvient à constituer avec simplicité et rigueur un véritable petit traité de théologie portative où la Création est considérée, du point de vue de Dieu, dans son ordonnance et son déroulement généraux.

Dieu ne peut être enveloppé: il est "incompris" (v. 27), c'est-à-dire qu'il contient le monde sans être contenu par lui (v. 305), ce qui lui défend d'être en toutes choses, non pas comme une partie de leur essence mais comme un agent[27]. Les adjectifs employés par Du Bartas ("immua-

---

[27] Vers 26. Cf. Ronsard, *Hymne du Ciel*, v. 87-100 (éd. Laumonier, t. VIII, p. 147):

"Tu n'as en ta grandeur commencement, ne bout,
Tu es tout dedans toy, de toutes choses tout,
Non contrainct, infiny, faict d'un finy espace,
Qui sans estre borné toutes choses embrasse,
Sans rien laisser dehors, et pource, c'est erreur,
C'est peché contre toy, c'est fureur, c'est fureur,
De penser qu'il y ait des mondes hors du Monde,
Tu prends tout, tu tiens tout dessous ton arche ronde
D'un merveilleux circuit la Terre couronnant,
Et la grand'Mer qui va la terre environnant,
L'air espars et le feu: et bref, on ne voit chose,
Ou qui ne soit à toy, ou dedans toy enclose,
Et de quelque costé que nous tournions les yeux,
Nous avons pour object la grand'borne des Cieux".

Voir aussi l'*Hymne de l'Eternité*, v. 127-134, éd. Laumonier, t. VIII, p. 254. Hans Staub, *Le Curieux Désir*, Genève, Droz, 1967, p. 85 n. 2, considère les vers de Du Bartas comme un écho des vers de Maurice

ble", "impassible", et les autres qualificatifs des vers 29
et 30) renvoient très précisément à des problèmes théologiques dont on trouve un développement général dans la
première partie de la *Somme Théologique* de saint Thomas
d'Aquin et chez saint Augustin. C'est ainsi, par exemple,
qu'il faut lier le qualificatif "pur" (v. 29) à "immuable"
(v. 27) parce que le terme latin commun est "simplex",
l'adjectif qu'emploie saint Augustin pour qualifier Dieu
le plus justement possible[28]. De la définition de Dieu,
Du Bartas passe à l'explication de la Trinité (v. 65-75),
consubstantielle à Dieu. La mention de la Création du fils
avant le monde rappelle la parole du Christ dans l'*Evangile selon saint Jean* (VIII, 58). Du Bartas suit l'ordre
scolastique tel qu'il est posé par saint Thomas: le Père est
le créateur et le Fils possède "la Sagesse par laquelle tout
agent intelligent opère, et c'est pourquoi on dit de lui:
«par qui tout a été fait»"[29]. *La Sepmaine,* dans son

Scève, *Microcosme*, I, 7-22. Mais H. Staub voit chez Scève l'influence
de Denys l'Aréopagite, de Nicolas de Cues et de Maître Eckhart, ce qui
paraît dessiner un univers éloigné de celui de Du Bartas (voir *infra* note
45). De la rime "lieu: Dieu" des v. 25-26, on peut rapprocher ce
commentaire fait par Marie-Madeleine Fragonard, *La Pensée religieuse
d'Agrippa d'Aubigné et son expression*, Lille, Atelier national de
reproduction des thèses, 1986, vol. I, p. 77: "Dieu infini contient
l'espace; moteur des cieux, il est le lieu de tous les lieux, et aucun n'est
vide de sa présence: c'est un thème particulièrement développé dans le
chant I de la *Création* [de D'Aubigné] (v. 135-185). Plus pertinents
encore les développements venus d'Aristote et de Platon: toute chose
aspire à son lieu, celui d'où elle a pris origine et où son devenir
l'appelle, dont elle porte le sceau; [...]".

[28] "Il n'y a donc qu'un seul bien simple et, par suite, un seul bien
immuable, Dieu" (*La Cité de Dieu*, XI, X, éd. cit. note 12, p. 63). Et
quelques lignes plus bas: "Elle est appelée simple parce qu'elle est ce
qu'elle a".

[29] Saint Thomas, *Somme Théologique*, Iᵃ, q. 45 a. 6, trad. Aimon-Marie
Rognet, Paris, Le Cerf, 1984, p. 479.

ensemble, ne choque pas les catholiques: Thévenin la commente et François Feu-Ardent ne l'inscrit pas au nombre des livres à prohiber, contrairement à ce qu'il fait pour le commentaire de Goulart. Cependant, sur le point de l'essence "triple-une"[30], François Feu-Ardent ne peut s'empêcher de laisser éclater sa colère

> "en ce qu'il [Du Bartas] triple l'unique nature et indivisible Essence divine: ce que jamais la Parole de Dieu n'enseigna, ne l'Eglise Catholique definist: ains plustost sent le venin des Anciens, Macedoniens, Eunomiens vieils heretiques, et des Trinitaires renouvellez en ce temps en Pologne, Moravie et Transylvanie. Joinct que le triplex emporte division, inegalité et composition: imperfections du tout contraires aux perfections de l'Essence de Dieu"[31].

La critique de Feu-Ardent est extrêmement importante. Elle accuse en effet Du Bartas de commettre une erreur qui le situe du côté des hérétiques, de ceux plus précisément qui niaient l'unicité des trois personnes. Une telle réaction prouve, s'il en était encore besoin, combien *La Sepmaine* est l'objet d'une lecture sérieuse, et combien les adjectifs composés sont examinés avec un grand souci de conformité à l'orthodoxie. Mais la critique de Feu-Ardent repose sur des fondements bien minces dans la mesure où

---

[30] On retrouve cet adjectif composé à plusieurs reprises dans l'œuvre de Du Bartas: *La Sepmaine*, VI, 716; *La Seconde Semaine*, "Eden", 364; "Les Colomnes", 486; *La Judit*, VI, 198.

[31] *Sepmaine premiere des Dialogues, ausquels sont examinez et confutez cent soixante et quatorze erreurs des Calvinistes, partie contre la tressaincte Trinité et unité de Dieu, partie contre chacune des trois personnes en particulier*, Paris, Sebastien et Robert Nivelle, 1589, f. 28 r°. Voir aussi le blâme de Deimier (pour des raisons non pas théologiques mais poétiques) rapporté par Michel Magnien, "Du Bartas en France au XVIIe siècle", *Du Bartas 1590-1990*, éd. cit. note 19, p. 50-51.

Du Bartas a pris soin, dans les vers précédents (v. 70 et 72 en particulier), de souligner l'identité du Fils et du Père.

Dieu a donc créé le monde à partir du néant (*ex nihilo*) que Du Bartas appelle le "rien" (en particulier v. 193). Une création *ex Deo* impliquerait la communication de quelque chose de la substance propre de Dieu[32]. Or il faut une distinction absolue entre l'homme et Dieu, ce qui n'empêche pas l'intervention raisonnée de ce dernier sous la forme de la Providence (v. 1-4: intervention sur les quatre éléments). Du Bartas précise clairement le sens de l'expression *ex nihilo*. En parlant d'une construction produite "dans l'infini d'un rien" (v. 99), il entend marquer non pas l'origine (produire "de rien") mais la succession: la matière va succéder à rien[33]. Cette matière est la matière première (la précision est donnée v. 215 par "avant que"), pure indétermination, état informe (v. 223) que les oxymores peuvent seuls définir[34]. Comme saint

---

[32] Voir saint Augustin, *Les Confessions*, XII, VII, éd. cit. note 17, p. 353: "Oui, tu as fait *le ciel et la terre* sans les faire de toi; sinon il y aurait quelque chose d'égal à ton fils unique et par le fait à toi aussi, et il ne conviendrait absolument pas qu'il y eût quelque chose d'égal à toi qui ne fût pas issu de toi; et, hormis toi, il n'y avait rien d'autre dont tu aurais pu les faire, ô Dieu, Trinité une et Unité trine. Voilà pourquoi c'est du néant que tu as fait *le ciel et la terre*, [...]". Saint Thomas s'accorde avec saint Augustin (*Somme Théologique*, I^a, q. 66, a. 1, éd. cit. note 29, p. 609).

[33] Voir saint Thomas, *Somme Théologique*, I^a, q. 45, a. 1, éd. cit. note 29, p. 473.

[34] Cf. saint Augustin, *Les Confessions*, XII, VI, éd. cit. note 17, p. 353: "Si l'on pouvait la dire "un néant qui est quelque chose [*nihil aliquid*] et "un être qui est un non-être" [*est non est*], voilà ce que je dirais d'elle". Les termes "amas" (v. 304,), "entassé" (v. 226) se retrouvent, comme on pouvait s'y attendre, dans le premier sermon de Calvin sur la *Genèse*: voir Richard Stauffer, *Creator et rector mundi. Dieu, la*

Augustin, Du Bartas confère une certaine ambiguïté au mot "terre" qui signifie parfois non pas l'élément mais la matière: lorsqu'il la qualifie de "vaine" (v. 251), il faut comprendre qu'il s'agit de la traduction du latin biblique "inanis", c'est-à-dire qu'il lui manque la forme, condition nécessaire de sa connaissance. Cette forme, qui se nomme la beauté (v. 243), sera reçue par la matière seconde. Si donc la matière première est définie comme une absence de forme[35], c'est qu'elle est orientée vers un changement, qu'elle possède déjà la forme future. Cet aspect dynamique, Du Bartas l'exprime par les images du monde à venir (v. 238-262; les deux futurs proches "devoit" v. 260 et 261). Dire qu'après le Rien apparaît la matière est une façon de parler. Il n'y a pas eu, en effet, de délai entre le rien et la création de la matière: comme le souligne saint Augustin après la Bible[36], elle constitue le véritable moment de la création (v. 205-206 et 215-218), avant que n'arrive ce que l'on appelle (du latin *distinctio*) la distinction, c'est-à-dire l'acte de classement et d'organi-

---

Création et la Providence dans l'œuvre homilétique de Calvin, Lille, Service de reproduction des thèses, t. II, p. 234 n. 31. A propos d'"abismes un abisme" (v. 225), cette tournure, qui rappelle le style biblique, ne doit pas faire oublier l'expression de saint Augustin, *Les Confessions,* XII, III, 3, éd. cit. note 17, p. 347: "profunditas abyssi". Voir aussi Hésiode, *Théogonie,* v. 116.

[35] Du Bartas marque ses distances avec Aristote en soulignant que la matière est "une forme sans forme" (v. 223): en effet pour le philosophe la matière n'existe qu'en liaison avec une forme.

[36] *Les Confessions*, XIII, XXXIII, 48, éd. cit. note 17, p. 517: "bien que la matière du ciel et de la terre soit une chose et l'apparence du ciel et de la terre autre chose, et que certes la matière soit tirée du pur néant mais l'apparence du monde tirée de la matière informe, pourtant tu as fait l'une et l'autre en même temps, en sorte que la matière fût suivie de la forme sans l'intervalle du moindre délai". Saint Augustin suit l'*Ecclésiastique*, XVIII, 1: "Qui manet in aeternum creavit omnia simul".

sation du chaos matériel qui doit aboutir à l'"ornement" (v. 206 et 216). Mentionné par la comparaison avec l'enfantement (v. 263-270), le thème de la formation (au sens propre de structuration et de processus d'acquisition de la beauté) revient dans la seconde partie de ce "jour", où la comparaison est ici celle de l'ourse avec son enfant (v. 408-414).

Dans cette seconde partie, la similitude de composition des passages consacrés à la création de la lumière (v. 439-490) puis à celle de la nuit (v. 491-542) souligne une nécessaire mise en parallèle. La lumière est l'élément essentiel de l'ordonnancement du chaos[37]. Elle n'est pas produite par les luminaires (qui ne seront créés qu'au quatrième jour), mais correspond à "la lumière du soleil, dans un état encore informe"[38]. Elle a été créée de la confusion (v. 441 et 451) et de la nuit la plus noire, c'est-à-dire de son exact contraire (v. 464: "à mi-nuit"). Les différentes hypothèses avancées ("soit que": v. 459, 465, 467, 471, 473) visent à montrer l'incompréhensibilité de la création de la lumière et à souligner la puissance de Dieu dont la simplicité de l'acte créateur[39] ridiculise les efforts d'explication selon les catégories du lieu et du temps. C'est une lumière générale qui distingue nuit et

---

[37] Vers 479-480. Nombreux sont les termes qui désignent cette confusion originelle: "bouillant Ocean" (v. 460); "Cahos" (v. 465); "Masse flottante" (v. 467); "Amas" (v. 474); "gouffreux desordre" (v. 476); "Tas" (v. 480).

[38] Saint Thomas, *Somme Théologique*, I^a, q. 67, a. 4, éd. cit. note 29, p. 618. Du Bartas ne suit pas saint Basile mais plutôt saint Augustin (*La Genèse au sens littéral*, I, 16): il refuse en effet l'idée d'une émission et d'une contraction de la lumière (*Hexaemeron*, homélie II).

[39] Vers 479-480: sa Parole agit immédiatement; ce sont les choses qui, ensuite, de par leur nature propre, ont besoin du temps pour se transformer (v. 480: "s'achemine").

jour mais ne marque pas les divisions temporelles en jours, mois, années, tâche qui sera assignée aux corps célestes.

L'angélologie de Du Bartas occupe une place importante dans le Premier Jour, comme dans la tradition de l'exégèse chrétienne[40]. Le passage relatif aux anges suit celui qui se rapporte à la lumière parce qu'ils "ont cette lumière qui a reçu le nom de jour", comme le dit saint Augustin[41]. Le problème de la création des anges (v. 543-556) est difficile tant en ce qui concerne la définition de leur nature que le moment de leur création. Les trois "soit que" (v. 543-547) manifestent moins l'indécision de Du Bartas lui-même[42] que celle de toute une tradition que l'on trouve en particulier chez Grégoire de Naziance[43]. Le moment de leur création est évoqué par Du Bartas dans les vers 543-548: il est soit antérieur au travail divin de "distinction" (v. 542-543; 547-548), soit simultané (v. 545). Saint Basile explique qu'"il y aurait eu, avant la création du monde, celle d'une lumière intelligible, c'est-à-dire des natures raisonnables et invisibles qui passent notre entendement et dont nous ne

---

[40] Il suffit par exemple de se reporter à la *Somme Théologique* de saint Thomas pour mesurer l'ampleur des thèmes traités et des enjeux soulevés (I^a, q. 50 à 64). Calvin consacre aux anges un long passage de son *Institution* (I, XIV, 3-19).

[41] *La Cité de Dieu*, XI, IX, éd. cit. note 12, p. 61.

[42] Il ne faut cependant pas oublier sa volonté de suivre le principe qu'il s'est fixé: ne pas faire une lecture allégorique du texte sacré (ce qu'il fait pourtant au v. 543-544).

[43] *Oratio*, 38, 9, où l'on retrouve la même construction: voir J. Pépin *op. cit.* note 20, p. 315 n. 2. Grégoire conclut à la présence d'une "certaine autre nature". Voir également saint Augustin, *La Cité de Dieu*, IX, 2, éd. cit. note 12, p. 500-502) et saint Thomas, *Somme Théologique*, I^a, q. 50, a. 1.

pouvons même pas découvrir le nom"[44]. En multipliant les hypothèses, Du Bartas montre le peu d'intérêt qu'il porte à cette question. Sa position rejoint ici celle de Calvin[45]. La nature des anges pose une difficulté. Il faut en effet qu'ils soient assez incorporels pour se distinguer des créatures et en même temps assez corporels pour ne pas posséder l'essence divine. Après saint Thomas[46] et Calvin[47], Du Bartas reconnaît aux anges une essence "presque" (v. 556) divine. C'est là faire preuve non d'une imprécision d'ordre théologique, mais au contraire d'une grande rigueur, car en insistant sur le terme d'"essence" (v. 555 et 556) et non de "nature", Du Bartas reprend la conception de saint Thomas suivant laquelle l'immatérialité des anges est égale à celle de Dieu, la différence se trouvant dans leur finitude ontologique[48]: leur immortalité (v. 554) doit être constamment recréée par Dieu. Les anges sont les messagers de Dieu, et ne sauraient être considérés comme des médiateurs: dans le long passage

---

[44] *Hexaemeron*, homélie I, 5; traduction libre de J. Pépin, *op. cit.* note 20, p. 321.

[45] *Institution*, I, XIV, 4, éd. cit. note 7, p. 188: "D'esmouvoir questions contentieuses pour savoir en quel temps ils ont esté créez, ne seroit-ce point opiniastreté plustost que diligence?". Du Bartas ne parle pas des hiérarchies angéliques, sans doute parce qu'il suit Calvin qui écrit un peu plus bas: "Parquoy si nous voulons que nostre savoir soit droitement ordonné, il nous faut laisser ces questions vaines, desquelles se débattent les esprits oisifs, traitans sans la parolle de Dieu de la nature et multitude des Anges et de leurs ordres. [...] Nul ne niera que celui qui a [p. 189] escrit la Hiérarchie celeste, qu'on intitule de sainct Denis [l'Aréopagite], n'ait là disputé de beaucoup de choses avec grande subtilité, mais si quelcun espluche de plus près les matières, il trouvera que pour la plus grand'part il n'y a que pur babil".

[46] *Somme Théologique*, I^a, q. 50, a. 1.

[47] *Institution*, I, XIV, 3-12.

[48] *Somme Théologique*, I^a, q. 50, a. 2.

qui les concerne, Du Bartas ne cesse de préciser que Dieu les gouverne et qu'ils n'agissent jamais de leur plein gré[49]. Il n'y a donc pas lieu de s'adresser à eux comme à des intercesseurs. Ils envoient aux hommes les récompenses ou les châtiments décidés par Dieu qui se manifeste ainsi totalement non seulement dans la nature (v. 11) mais aussi dans l'histoire[50]. Les anges sont libres (v. 555): ceux qui se sont écartés de Dieu l'ont fait volontairement (v.557-566), si bien qu'il n'existe ni principe du mal indépendant (on tomberait alors dans le manichéisme) ni non plus responsabilité première de Dieu qui "n'est pas l'auteur du mal car il n'est pas cause que l'on tende au non-être"[51]. Le mal est une pure négativité, une privation

"Car l'enfer est partout où l'Eternel n'est pas"[52].

Le mal est la révolte de qui désire non pas acquérir le bien que possède autrui mais l'en "priver" (v. 565). Les mauvais anges ne possèdent pas le "pouvoir", réservé à Dieu (v. 407), ni même le "vouloir" (v. 201), mais seulement le "désir" (v. 583-586) qui n'est pas suivi comme pour Dieu (v. 201) d'"effet".

Le but premier de Du Bartas est d'éviter les infinies discussions philosophiques pour entraîner le lecteur dans

---

[49] Calvin, *Institution*, I, XIV, 4, éd. cit. note 7, p. 188: "Les Anges sont ministres de Dieu, ordonnez pour faire ce qu'il leur commande". Calvin revient là-dessus un peu plus loin, paragraphe 5, p. 189, où il explique que leur nom (ange signifiant messager) rend compte de leur véritable fonction. Il donne ensuite plusieurs passages de la Bible mentionnant des interventions d'anges, et en particulier le long épisode concernant Sennachérib développé par Du Bartas (v. 715-757).

[50] Vers 667-757. Cf. Calvin, *Institution*, I, V, 7.

[51] Saint Augustin, *Quaestiones 83*, cité dans saint Thomas, *Somme Théologique*, Iᵃ, q. 49 n. 2, éd. cit. note 29, p. 502.

[52] Vers 570. Cf. saint Thomas, *Somme Théologique*, Iᵃ, q. 48, a. 1.

l'"histoire" de la création du monde. Il lui importe donc de souligner qu'il existe un point d'ancrage à tout discours sur les questions métaphysiques: le monde, tel qu'il nous est donné, de manière évidente et claire. "Les perfections invisibles de Dieu sont, depuis la création du monde, et par le moyen de ses œuvres, offertes à la contemplation de nos esprits" dit saint Basile (*Hexaemeron*, homélie I, 6), citant saint Paul[53] et reprenant aussi le Psaume 19 (verset 2: "Les cieux racontent la gloire de Dieu"). Le monde est le miroir de Dieu (v. 120), ce qui n'implique en aucune manière qu'il en soit le double[54]. Comme le précise saint Ambroise dans son *Hexaemeron*, le monde n'est pas coéternel à Dieu (I, 3, 11), il ne participe pas à la substance divine (I, 3, 8), il ne saurait recevoir les honneurs dus au seul Dieu (I, 7, 27)[55] qui se donne cependant tout entier dans la création[56]. C'est bien

---

[53] *Aux Romains*, I, 20. Est-il besoin de préciser qu'il s'agit d'un lieu commun de l'homilétique ? Calvin l'utilise dans ses sermons: voir R. Stauffer, *op. cit.* note 34, t. II, p. 35 note 117.

[54] R. Stauffer, *op. cit.* note 34, t. I, p. 28, cite le texte suivant de Calvin (150e sermon sur Job): "Quand nous parlons de luy ou que nous y pensons, il ne faut pas le mesurer selon ce qui nous apparoist. Car la terre nous sera infinie, et cependant si est-ce qu'il la tiendra enclose en son poing. C'est-à-dire: il n'y a nulle proportion entre ceste essence incompréhensible, ceste gloire inestimable qui est en luy, et tout ce gros amas de la terre. Ce n'est rien au pris".

[55] Voir J. Pépin, *op. cit.* note 20, p. 278 *sq.*, qui précise que saint Ambroise se fonde sur saint Paul, *Aux Romains*, I, 20-25, et *Deutéronome*, IV, 19. Le psaume 107, 23-24, est bien évidemment essentiel.

[56] Comme le dit saint Ambroise, *Hexaemeron*, 6. C'est la reprise de la formule si utilisée au Moyen-Age "per visibilia ad invisibilia". Cependant, et sans, d'aucune manière, introduire la notion de théologie mystique d'un dieu inconnaissable (telle que Denys l'Aréopagite a pu la transmettre à la tradition occidentale), Dieu ne peut être de la sorte compris dans son essence même: s'il se donne pleinement à travers ses

ici l'idée scolastique d'une immanence de Dieu dans le monde et , en même temps, d'une distinction absolue[57]. Du Bartas multiplie les renvois à cette théologie naturelle[58] qui implique pour lui le refus d'une lecture allégorique puisque la vérité se livre d'emblée et que le déchiffrement du monde est garanti par la foi, à condition d'avoir cette dernière pour lunettes (v. 171-178), suivant une image empruntée à Calvin[59]. La poésie sera un discours de vérité garanti par sa conformité à la Bible (et plus précisément aux prophètes) et au monde. La foi sera l'aide (v. 97-98) du poète dans la lecture qu'il veut faire du monde:

"Donne moy qu'en son front ta puissance je lise" (v. 11).

Le monde est en effet un livre, comme l'explique plus loin Du Bartas[60].

Constituer le monde dans un miroir permet au poète de chercher la conformité de son œuvre non par rapport au réel mais par rapport à l'image qui est dans ce miroir[61].

---

vertus (v. 122 et 132), c'est toujours sans se livrer totalement. C'est ce que dit Calvin dans ses sermons à plusieurs reprises: voir R. Stauffer, *op. cit.* note 34, t. I, p. 27 et t. II p. 42-43.

[57] Saint Thomas, *Somme Théologique*, I[a], q. 8, a. 1.

[58] Vers 11; 107; 120; 178.

[59] *Institution* , I, 6, 1, éd. cit. note 7, p. 32. Mais Calvin applique cette image à la lecture de l'Ecriture: voir R. Stauffer, *op. cit.* note 34, t. I, p. 33.

[60] Vers 151-174. Voir sur ce sujet les renseignements fournis par E.R. Curtius, *La Littérature européenne et le Moyen-Age latin,* traduction française, Paris, P.U.F., 1956, vol. II, p. 31-41 ("Le livre de la nature").

[61] Voir ce qu'en dit Léonard de Vinci, *Carnets*, introduction, classement et notes par E. Maccurdy, traduit de l'anglais par L. Servicen, Paris, Gallimard, 1942, t. II, p. 252 ("Comment le miroir est le maître des peintres").

Le sensible devient de l'intelligible et l'ordre du regard
rencontre celui du monde[62], grâce à l'ordre du discours
qui lui impose ses lois. Les récits rétrospectifs et prospec-
tifs servent à tenter de décrire ce qui ne peut l'être que
par la production d'une intelligibilité du passage biblique
mis en miroir, reflété dans le monde[63]. La parole à
l'œuvre dans la *Genèse* est bien en effet la parole de
Dieu, c'est-à-dire son image même. La description devra
donc suivre des règles qui la renverront au monde de
l'intelligible plus qu'à celui du sensible. Les listes seront
une des formes qu'elle prendra. Le monde et le discours
seront ainsi placés sous le signe d'une combinatoire[64]
dont on trouvera la présence explicite dans l'exposé des
alliances des quatre éléments entre eux (v. 227 *sq.*). Du
Bartas veut appréhender non des choses mais des formes,
et montrer comment l'on passe de la "forme sans forme"
(v. 223) à la "forme parfaite" (v. 480). Il s'agit, finalement, de construire les conditions d'un paysage à venir,
c'est-à-dire un "tableau, dessin representant une étendue

---

[62] Cf. Ficin, *Discours de l'honneste amour*, traduction de Guy Le Fèvre
de La Boderie, Paris, Abel L'Angelier, 1588, f. 73 r°: "L'ordre du
Monde qui se void est compris des yeux, non pas en la sorte qu'il est en
la matiere des corps, mais en la sorte qu'il est en la lumiere, laquelle est
aux yeux infuse".

[63] Cf. saint Augustin, *Les Confessions,* XII, V, 5, éd. cit. note 17, p.
349: "Ainsi, quand la réflexion cherche dans cette matière ce qu'elle en
peut atteindre en la percevant, et se dit à elle-même: "Ce n'est pas une
forme intelligible comme la vie, comme la justice, puisqu'elle est
matière des corps; ni une forme sensible, puisqu'il n'y a pas quelque
chose à voir, quelque chose à percevoir par les sens dans l'invisible et
l'inorganisé"; quand donc la réflexion humaine se dit cela, son effort
s'arrête, soit à la connaître en l'ignorant, soit à l'ignorer en la
connaissant".

[64] Voir sur ce sujet le livre de Jan Miernowski, *Dialectique et
connaissance dans "La Sepmaine" de Du Bartas*, Genève, Droz, 1992.

de pays"[65]. Ce qui constitue le sujet même de l'œuvre, c'est bien en effet l'étendue, c'est-à-dire une superficie pour laquelle le travail est de structuration, si bien que

> "le rapport traditionnel de subordination qui soumet la description à la narration est inversé dans *La Sepmaine*: le récit des actions du Créateur sert à introduire, à ordonner et à justifier la description du monde dans laquelle il s'absorbe; le déroulement linéaire dispose avant tout des cadres dans lesquels la lecture va du tout à la partie, de l'ensemble au détail, l'inventaire se déroulant alternativement à la 3e personne [...] et à la 2e (style hymnique)"[66].

Les images, comparaisons ou métaphores qu'utilise Du Bartas, outre leur effet d'éclaircissement (de *distinction*) tendent à tisser des relations entre les différents éléments premiers d'un monde qui devient de la sorte, grâce au discours, un tout: l'impensable est ramené à du concevable. C'est particulièrement sensible dans ce premier jour qui, à plusieurs reprises, ne présente pas l'objet mais son contraire, sa forme "en creux", à l'aide de métaphores négatives[67] possédant une valeur d'attente: elles projettent le lecteur vers un avenir où l'objet est déjà construit, le monde déjà ordonné, le paysage enfin connu[68]. Les

---

[65] Estienne, *Dictionnaire*, 1549, s.v. "Paysage".

[66] Fernand Hallyn, "La Torpille: aspects de la description chez Du Bartas", *Du Bartas poète encyclopédique du seizième siècle*, actes rassemblés et publiés par J. Dauphiné, Lyon, La Manufacture, 1988, p. 158.

[67] Voir par exemple v. 16 et v. 77.

[68] Ce paysage était déjà en germe lors de la création des éléments: Dieu "Fit l'air, le ciel, la terre, et l'ondoiante plaine" (v. 196).
Par l'utilisation d'une périphrase pour désigner la mer, Du Bartas montre déjà un élément devenu objet culturel et que le lecteur peut inscrire dans une tradition. On a là l'embryon d'un "beau paysage", au sens où l'entend Furetière lorsqu'il écrit dans son *Dictionnaire*: "Les bois, les

lieux communs utilisés traditionnellement ne peuvent être d'aucun usage pour décrire ce qui, par définition, échappe à cette représentation. Seule donc une mise en perspective apporte du sens en imposant une construction. Cette perspective, spatiale, sera perçue sur le mode du temps, permettant au point de vue qu'elle laissait paraître de s'effacer devant celui des générations à venir, de tout homme, de tout lecteur, et d'assiter à un spectacle dont on lui propose de dégager lui-même le sens après avoir fait le travail de regroupement des éléments, le travail de totalisation: "forge en ton esprit" dit le narrateur (v. 251) au lecteur. Pour mettre sous les yeux du lecteur un tel spectacle, Du Bartas emploie les figures que l'on convoque habituellement pour la représentation, et les "retourne". Il chante ce qui a été (le chaos, proprement indescriptible puisqu'il doit être le lieu du règne de contraires inconciliables dans le monde régi par les lois de la logique aristotélicienne) dans les termes de ce qui est, manifestant ainsi l'intime liaison de l'un à l'autre et exposant le double mouvement de déploiement (*explicatio*) et de reploiement (*complicatio*) du monde. Dans le temps "gros" de tous les temps (v. 22) se trouvait un monde "gros" de tous les mondes. La rareté des relations explicites de cause à effet impose, par la juxtaposition des éléments, l'idée que tout est dans un réseau d'annonces et de rappels, dans une "demeurance" (*mansio*) parfaite. La variété, ce principe d'écriture que Ronsard considère comme une des nécessités du poème héroïque[69], rendra au présent son épaisseur la plus grande. Là où un autre

---

collines, les rivières font les beaux paysages".

[69] *Preface,* éd. Laumonier, t. XVI, p. 334. Voir Jacques Peletier, *Art poétique,* II, 8, et James Dauphiné, "L'Encyclopédisme poétique de Du Bartas", *Du Bartas poète encyclopédique du seizième siècle,* éd. cit. note 66, p. 127 et 129 n. 11.

poète encyclopédique s'attache à décrire l'objet dans son fonctionnement propre[70] en usant d'un vocabulaire essentiellement technique, sans introduire aucune intervention d'auteur, Du Bartas met au contraire en place des interrogations oratoires, des comparaisons, des métonymies, convoque philosophes et divinités, choisit un vocabulaire pittoresque, invente de nouveaux adjectifs composés. Si, en effet, l'explication des phénomènes de la nature est d'abord physique, elle est bien vite renvoyée à Dieu, seul garant: il n'y a pas d'autre vérité que celle qui gît en Lui.

*

La Sepmaine est ancrée dans le présent. C'est le cadre premier d'un texte qui s'inscrit par là dans "une œuvre purement Epique ou Heroyque" comme le dit Du Bartas lui-même dans l'*Advertissement* (p. 346). Le premier jour doit embrasser une totalité. Il est l'ouverture qui contient en elle la clôture car il faut signifier l'idée chrétienne d'une progression du temps qui s'avance vers son achèvement. Dès le début de son poème Du Bartas manifeste le désir de "condui[re] le monde à son cercueil", suivant la formule qu'il utilisera plus tard dans *La Seconde Sepmaine* ("Eden", v. 10). Il est donc normal que ce Premier Jour contienne un long passage sur l'*Apocalypse* (v. 353-405), ce chaos à venir (v. 365) qui trouvera son sens parce qu'il aura été préfiguré dès l'origine, lors de la formation du monde. D'autres développements postérieurs au temps de l'histoire racontée permettent à cette œuvre

---

[70] Il est facile de comparer les vers que consacrent à la boussole Du Bartas d'une part (IIIᵉ Jour, v. 825-842) et Guy Le Fèvre de La Boderie d'autre part (*La Galliade*, cercle I, v. 405-421).

de rejoindre la tradition du poème héroïque. Ronsard dit
que "le poete bien advisé plein de laborieuse industrie,
commence son œuvre par le milieu de l'argument, et
quelquefois par la fin"[71]. Même si l'exposé de cette fin
est particulièrement bref, Du Bartas ne déroge pas à cette
tradition. En commençant son poème par quatre vers au
présent, il montre la création continuée par Dieu, ou
plutôt par la Providence qui assure aux êtres la persévé-
rance dans leur nature[72].

Le présent permet également de nier le temps, d'en
briser le cours irréparable pour montrer que cette création
est destinée à se refermer sur elle-même, qu'elle n'est
qu'un point dans l'éternité. Il est dès lors possible que "le
temps du poète s'immisce dans le temps du poème"[73].
Après avoir obtenu le repos des travaux du jour, le poète
peut enfin se livrer aux Muses. Mais c'est avec peine ("à
peine") qu'il voit déjà ("encore") l'aurore. Le "jour"
auquel il fait allusion (v. 538) est celui de la création
poétique, unique et exemplaire, à l'image à la fois du jour
du labeur divin et de n'importe quel jour puisque "[s]on

---

[71] Préface de *La Franciade*, éd. Laumonier, t. XVI, p. 336.

[72] Sur cette notion de création continuée, voir Calvin, *Institution*, I,
XIV, 20, et I, XVI, chapitre qui a pour titre: "Que Dieu ayant créé le
monde par sa vertu, le gouverne et entretient par sa Providence, avec
tout ce qui y est contenu". Voir saint Basile, *Hexaemeron*, homélie IX,
81 A, éd. cit. note 20, p. 483: "Considère la parole de Dieu qui parcourt
la création: elle inaugurait alors son œuvre, jusqu'à présent elle garde
son efficace: elle continuera d'avancer vers sa fin jusqu'à l'achèvement
du monde". Cf. R. Stauffer, *op. cit.* note 34, p. 187 *sq.*

[73] Voir v. 537-542. Yvonne Bellenger, "Le Temps de la Création et le
temps des créatures dans *Les Semaines* de Du Bartas", *Lapidary
Inscriptions. Renaissance Essays for Donald Stone Jr.*, edited by B.
Bowen and J. C. Nash, French Forum, 1990, p. 92.

labeur croist toujours"[74]. Se trouve ainsi soulignée la similitude de l'activité créatrice du poète et de celle de Dieu dans la construction d'un monde nouveau. A l'instar de Dieu, Du Bartas fait sortir du néant une œuvre nouvelle qui est destinée à être continuée jusqu'à la fin même du monde, quand elle aura rejoint, si l'on peut dire, son objet. Dans *La Sepmaine*, les termes "nuit" et "jour" doivent être pris dans leur acception commune, au contraire de saint Augustin qui considère qu'il faut les entendre dans un sens figuré jusqu'au septième jour, avant lequel les jours sont "formés par des moments substantiels qui correspondent à des actes créateurs"[75]. Le souci de rigueur de Du Bartas s'efface devant les complexités théologiques à partir du moment où elles ne permettent pas de contribuer à la clarté de l'idée générale.

Pour l'homme créé à l'image de Dieu, l'"oisiveté" (VII, 100) d'un dieu horloger ne saurait se concevoir. Le lecteur a, de prime abord, l'impression d'une distorsion temporelle: c'est que tout jour est le jour. Il s'agit de montrer l'organisation d'une matière et d'un discours, les deux étant finalement indissociables, comme le souligne la métaphore du livre appliquée au monde (v. 151 *sq.*): le discours structure le monde comme l'âme fait pour le corps dont elle est la forme (la quiddité). Si l'"exercite des cieux" (v. 542) passe au présent devant les yeux du poète (v. 541: "voici"), ce n'est pas parce qu'il constitue un élément essentiel de l'exégèse du premier jour, mais

---

[74] Vers 541. Ce que souligne Goulart (éd. Du Bray, 1611, p. 319): "Il dit que le Createur du Ciel et de la Terre n'est point oisif, ains a toujours la main à l'ouvrage".

[75] *La Genèse au sens littéral*, IV, 1, traduction et notes par P. Agaësse et A. Solignac, Paris, Desclée de Brouwer, "Bibliothèque augustinienne", 1972, p. 277. Cf. saint Basile, *Hexaemeron*, homélie I, 6, éd. cit. note 20: "le commencement du temps n'est pas encore le temps".

parce que l'usage de ce temps, placé ainsi à la fin d'une séquence (comme c'est souvent le cas), contribue, en détachant cet acte de son contexte, à lui donner une valeur générale: sempiternellement, l'"exercite" ne cesse de passer dans une création qui se poursuit par le fait même que le poète en nomme un des éléments. Chaque journée constitue bien une des "journées mystiques", comme le dit Du Bartas dans son *Advertissement* (p. 345). Le discours doit donc rendre compte de la permanence du monde (d'où l'usage de présents itératifs: v. 1-4), tout en soulignant qu'il n'y a pas d'éternité du monde. C'est la fonction des vers 13 à 24 que d'en marquer, par un brusque retour en arrière, la naissance. Le singulatif succède à l'itératif qui, tout en inscrivant ce début dans la topique des ouvertures d'épopées, marque une conception du temps que nous ne pouvons communément avoir: Du Bartas fait allusion à la naissance du monde dans un "temps confus" (v. 22). Il n'y a pas de séparation des trois temps parce que ce qui compte, c'est l'analyse du fait en fonction de l'observateur impliqué en permanence dans *La Sepmaine*. Tel aspect de l'action va être pour lui, dans son présent même, un présent, un passé ou un futur[76]. Le temps est en effet, comme le dit saint Augustin, "une certaine distension"[77]. Du Bartas est constamment tendu vers l'avenir pour célébrer, dans le présent, le passé[78].

*

---

[76] Saint Augustin, *Les Confessions*, XI, XX, 26, éd. cit. note 17, p. 313: "il y a trois temps, le présent du passé, le présent du présent, le présent du futur".

[77] *Les Confessions*, XI, XXIII, 30, éd. cit. note 17, p. 322: "quandam distentionem".

[78] Voir par exemple le v. 101 dont le présent ("porte") succède à un passé ("bastit").

Si descendre du genre à l'espèce "c'est vouloir saisir la réalité même, du moins dans sa représentation la plus immédiate et la plus concrète"[79], c'est aussi, par voie de conséquence, amorcer la remontée: grâce à Dieu[80], le poème est hissé vers lui (v. 5: "Esleve à toy mon ame [...]"[81]) et sanctifié, sa matière est "quintessanciée"[82]. Les vrais poètes sont "secretaires Et ministres sacrés de Dieu"[83]. Ils peuvent louer la matière puisque la création vient de la divinité et retourne vers elle. Du Bartas célèbre la pureté des choses visibles, de ces choses qui, suivant le terme utilisé par Goulart, nous sont commodes[84]. Car elles nous offrent la possibilité de trouver, ici

---

[79] Marcel Raymond, *L'Influence de Ronsard sur la poésie française (1550-1585)*, Genève, Droz, 1965, p. 290. On trouve ainsi dans le Premier Jour: "postillons d'Eole" (v. 4); "celestes chandelles" (v. 116); "pavillons astrez" (v. 134).

[80] Voir le début de *La Sepmaine* et celui de *L'Uranie*, v. 21-24:
"Tout art s'aprend par art, la seule poesie
Est un pur don celeste; et nul ne peut gouter
Le miel que nous faisons de Pinde desgoutter,
S'il n'a d'un sacré feu la poitrine saisie".

[81] C'est l'inverse de ce qui se passe pour *Les Tragiques*: D'Aubigné veut faire descndre Dieu sur le monde: voir Claude-Gilbert Dubois, "*Dieu descend*: figuration et transfiguration dans *Les Tragiques* (III, 139-232)", *Les Tragiques d'Agrippa d'Aubigné*, études réunies par M.-M. Fragonard et M. Lazard, Paris, Champion, 1990, "Collection Unichamp", p. 87-111.

[82] *La Seconde Sepmaine*, "Les Colomnes", v. 7.

[83] *L'Uranie*, v. 117-118. Voir aussi les vers 49-52:
"Il faut qu'entierement l'homme hors l'homme sorte,
S'il veut faire des vers qui puissent longuement
Jouir de ce clair jour; il faut que saintement
Une douce manie au plus haut ciel l'emporte".

[84] Manchette de Goulart, *op. cit.* note 1, p. 19, à propos des v. 491-542: "Pourquoy Dieu a ordonné que la nuict et le jour s'entresuivissent, et des commoditez qui nous reviennent de la nuict".

bas, les mondes éloignés dont rêvèrent, à l'époque, les lointains disciples de Platon. Poète plus théologien qu'encyclopédique dans ce premier jour, Du Bartas permet au lecteur de s'orienter dans le "dedale infiny"[85] de la création, c'est-à-dire dans une construction qui, pour un regard immanent, paraît être régie par le désordre, mais dont un point de vue transcendant perçoit l'organisation. A la fin de cette ouverture, Du Bartas a élevé le regard de l'homme à la hauteur de celui de Dieu. Le mode de vision est en place; la promenade dans le labyrinthe peut commencer. Elle sera heureuse puisque le lecteur est désormais en possession du fil d'Ariane.

Plan du *Premier Jour.*

1-406:	Exposition portant sur l'ensemble de *La Sepmaine*
1-12:	invocation à Dieu pour l'ensemble de *La Sepmaine*.
13-24:	le monde n'a pas été créé de toute éternité.
16-18:	attaque contre Démocrite
19-24:	le monde a eu un commencement et aura une fin
25-96:	que faisait Dieu avant la création?
31-56:	apostrophe au profane sur le blasphème que constitue une telle question
57-75:	Dieu avant la création

---

[85] *La Seconde Sepmaine*, "Eden", v. 510.

76-84:	la connaissance doit s'effectuer par la foi seule
85-96:	attaque contre les "esprits subtils"
97-104:	le monde, né du rien, est le miroir de Dieu.
105-112:	refus des arguties théologiques
113-128:	désir d'un discours simple sur le monde, miroir de Dieu
129-134:	Dieu est visible à travers sa création
135-154:	application à la définition du monde de la position précédente
155-178:	la lecture du monde passe par la foi
179-200:	création *ex nihilo* du monde.
201-204:	les qualités de Dieu en relation avec la création
205-222:	le rien avant la matière
223-258:	le monde informe
259-274:	création de la matière
275-288:	désordre
289-308:	l'esprit de Dieu au dessus du chaos
309-334:	attaque contre la pluralité des mondes et la présence du vide
335-344:	le monde n'est pas infini
345-352:	attaque contre les Grecs à propos de la vanité des questions portant sur la quintessence, la sphéricité des cieux, le monde sublunaire

353-406:   l'Apocalypse.
353-370:   le chaos à venir
371-384:   condamnation de l'astrologie judiciaire
385-406:   second avènement du Christ et résurrec-
             tion des corps

407-766:   La formation du monde

  407-438:   ordonnancement du chaos (la *distinction*)

  439-490:   création de la lumière
  439-452:   apostrophe à Dieu pour un éloge de la
             lumière
  453-458:   retour au souci de l'œuvre bien faite
  454-478:   raisons de la naissance de la lumière
  479-482:   conséquences de la naissance de la lu-
             mière
  483-490:   hymne à la lumière

491-542:   création de la nuit
507-518:   hymne à la nuit
519-542:   conséquences de la création de la nuit
  531-542:   les poètes seuls travaillent la nuit
  537-542:   intrusion du narrateur

543-556:   création des anges.
  549-552:   intrusion du narrateur
553-556:   parole du narrateur

557-574:   chute des anges rebelles

575-610:   le mal dans le monde

611-630:   tromperie du diable

631-646:   pouvoirs surhumains du diable

647-666:   Dieu permet le mal pour éprouver la foi

667-766:   les anges messagers de Dieu (récits tirés
               de la Bible)
  715-757:   épisode de Sennachérib
  758-766:   adresse du narrateur aux anges

François ROUDAUT

POÉSIE, EXÉGÈSE ET "DIDASCALIE"
DANS "LE QUATRIÈME JOUR"

Si nous en croyons le *Brief advertissement* de 1584, Du Bartas aurait cherché, dans ses *Semaines*, à jouer tous les rôles à la fois[1]:

> ma seconde Sepmaine n'est (aussi peu que la première) un œuvre purement Epique, ou Heroyque, ains en partie Panegirique, en partie Prophetique, en partie Didascalique. Icy je narre simplement l'histoire, là j'émeu les affections: Icy j'invoque Dieu, là je luy ren graces: Icy je luy chante un Hymne, et là je vomy une Satyre contre les vices de mon aage: Icy j'instruy les hommes en bonnes mœurs, là en piété: Icy je discours des choses naturelles, et là je loüe les bons esprits.

Prenant au sérieux la comparaison de Peletier: "et l'Heroique [c'est-à-dire l'épopée] être comme une Mer, ainçois une forme et image d'Univers"[2], il aurait réuni dans la même œuvre ce que Ronsard, le parangon des poètes[3],

---

[1] *Brief advertissement [...] sur quelques points de la Premiere et Seconde Semaine* (Paris, P. L'Huillier, 1584), repr. dans Du Bartas, *La Sepmaine*, éd. par Y. Bellenger, Paris, 1981, p. 346.

[2] *Art poétique* (1555), dans F. Goyet éd. *Traités de poétique et de rhétorique de la Renaissance*, Paris, 1990, p. 305.

[3] Ronsard, grand frayeur de voies poétiques, est resté un modèle et une référence pour les poètes jusqu'à la fin du XVIème siècle. Voir la thèse

avait réalisé séparément: dans ses *Odes*, dans ses *Hymnes*, dans ses *Discours*. Pourtant, à la lecture de ses poèmes, l'impression de cohérence domine. S'il est permis d'exprimer un jugement subjectif, Du Bartas ne ressemble guère à l'ambitieux qui se démultiplie pour montrer qu'il sait tout faire; il donne plutôt l'image du poète sérieux et appliqué (trop sérieux et trop appliqué?) qui se dévoue à une tâche principale: chanter la gloire de Dieu, en faisant se déployer la splendeur de la Création.

L'unité d'un tel projet ne dispensait pas de faire front de plusieurs côtés à la fois. Du côté littéraire, pour commencer: au cours du XVIème siècle, les *arts poétiques* se sont succédés: Sebillet, Du Bellay, Peletier ou Ronsard s'évertuant à donner aux poètes une haute conscience de la valeur de leur langage, mais aussi à leur faire mesurer leurs obligations:

> Tu auras en premier lieu les conceptions hautes, grandes, belles et non traînantes à terre [...] tu seras studieux de la lecture des bons poètes, et les apprendras par cœur [...] te donnant de garde surtout d'être plus versificateur que poète: car la fable et fiction est le sujet des bons poètes [...] et les vers sont seulement le but de l'ignorant versificateur, lequel pense avoir fait un grand chef-d'œuvre, quand il a composé beaucoup de carmes rimés, qui sentent tellement la prose [...][4].

---

de M. Raymond, *L'Influence de Ronsard sur la poésie française*, 2e éd., Genève, 1965.

[4] Ronsard, *Abrégé de l'art poétique français*, dans F. Goyet, *op. cit.*, p. 468 et 475. Sur la question de la *fable*, voir ci-après.

En choisissant d'écrire un "long poème français"[5], Du Bartas donnait corps au rêve de tous les théoriciens ... et s'exposait à décevoir leurs attentes. Car au XVIème siècle, le "grand œuvre"[6] était un fantôme qui prenait, au gré des admirations de chacun, les contours de poèmes devenus mythiques: l'*Iliade*, l'*Enéide*, les *Métamorphoses* d'Ovide, voire le *Roman de la Rose*.

Le choix d'un sujet religieux entraînait d'autres exigences. L'hexaméron était une forme particulière de la littérature exégétique, pourvue d'une longue tradition[7], d'une méthode et d'une éthique. Du Bartas n'ignorait pas que les théologiens de sa propre confession avaient eu à cœur de redonner vie à ce genre ancien[8], et qu'ils l'avaient pratiqué un peu dans le même esprit que, jadis, un

---

[5] Du Bellay, *La Défense* (1549), l. II, ch. 5, éd. L. Terreaux, Paris, 1972, p. 80.

[6] Thomas Sébillet, *op. cit.*, p. 145.

[7] Voir notamment M. Alexandre, *Le commencement du livre. Genèse I-V. La version grecque de la Septante et sa réception*, Paris, 1988; F. E. Robbins, *The hexameral literature*, Chicago, 1912; S. Gamber, *Le livre de la Genèse dans la poésie latine du Ve siècle*, Paris, 1899; M. Thibaut de Maisières, *Les poèmes inspirés du début de la Genèse à l'époque de la Renaissance*, Louvain, 1931.

[8] Calvin, *Commentaire sur le premier livre de la Genèse*, Paris, 1554; Idem, *Mosis libri V cum commentariis*, Genève, 1563; Idem, *Commentaires sur les V livres de Moyse, Genese est mis à part*, Genève, 1564. Les œuvres apologétiques de Pierre Viret (*Exposition de la doctrine de la foy chrestienne* [t. II de l'*Instruction chrétienne*], Genève, 1564) et de Philippe Du Plessis Mornay (*De la Vérité de la religion chrétienne*, Anvers, 1581) accordent une assez grande place aux thèmes hexaméraux. Voir aussi les hexamérons luthériens: Ph. Melanchthon, *In obscuriora aliquot capita Geneseos annotationes*, Hagenau, 1523; M. Luther, *Ennarrationes in Genesim*, Nuremberg, 1555-1556. — Sur ces textes, voir H. Busson, *Le rationalisme dans la littérature française de la Renaissance*, Paris, 1957, p. 561-579; C.-G. Dubois, *La conception de l'histoire en France au XVIème siècle*, Paris, 1977, p. 255-326.

saint Basile, et pour en tirer des effets analogues, malgré le changement du contexte: pour chanter la gloire du Dieu créateur, mais aussi pour affirmer des positions doctrinales, pour mettre en œuvre une certaine façon de lire l'Ecriture, pour exprimer une conception de l'homme et de la nature, et pour combattre des idées philosophiques incompatibles avec le christianisme. L'auteur d'un hexaméron, en vers ou en prose, avait des problèmes précis à affronter, et des responsabilités assez lourdes.

Raconter et décrire la Création, à la fin du XVIème siècle, c'était aussi répondre à la curiosité du public, à son désir de s'instruire. *La Sepmaine* est un *Miroir du monde* dans la lignée des encyclopédies médiévales[9], mais soucieux de transmettre un savoir assez bien mis à jour. Elle est, à certains égards, le produit du grand mouvement de vulgarisation qui parcourt la seconde moitié du XVIème siècle, encourageant la parution de traités en français, souvent rédigés avec élégance pour plaire à d'autres lecteurs que les écoliers et les clercs[10], et celle de grands poèmes scientifiques, comme l'*Amour des Amours* de Peletier (1555) ou la *Galliade* de Guy Le Fèvre de La Boderie (1578)[11].

Ces trois orientations ne sont pas franchement opposées: fonction esthétique et fonction religieuse sont intimement liées dans la théorie bartasienne de l'inspiration qui fait du prophète David, l'auteur présumé des

---

[9] Voir l'étude classique de C.-V. Langlois, *La Connaissance de la nature et du monde au Moyen-Age*, Paris, 1911.

[10] Oronce Finé, *La Sphere du Monde*, Paris, 1557; Jean-Pierre de Mesmes, *Les Institutions astronomiques*, Paris, 1557; Pierre Belon, *Histoire de la nature des oiseaux*, Paris, 1555, pour retenir quelques exemples.

[11] Voir A.-M. Schmidt, *La poésie scientifique en France au XVIe siècle*, Paris, 1938.

Psaumes, le modèle du "bon poète"[12]. D'autre part, l'érudition est une parure au XVIème siècle, et ce sont "d'exquis joyaux" que l'on "butine sur toutes sciences"[13]; un texte peut donc être à la fois, sans difficulté, très beau et très "didascalique". Enfin, l'interprétation de l'Ecriture nécessite une solide culture philosophique, la théologie règne sur les sciences, bien loin de les ignorer, et l'explication adéquate des phénomènes naturels aide à mettre en lumière la grandeur du Créateur. Cependant de sévères divergences se révèlent. En devenant un poète chrétien, Du Bartas se sentit obligé de renoncer, au moins en partie, à ce qui, en son temps, constituait l'essence même de la poésie: la fable et le mythe[14]. Il s'aperçut bien vite que toute matière scientifique, même faite "des plus riches marbres qui se peuvent tirer és carrieres de la Mathématique" ne pouvait "souffrir les moullures et fueillages poëtiques", et que, s'il passait outre, ses lecteurs lui reprochaient "l'obscurité" ou "la rudesse" de ses vers, sans penser "qu'une infinité de points de Mathematiques, Metaphysique, Medecine, et Theologie Scholastique espandus dans [ses] vers, ne pouvoyent estre couchez en

---

[12] M. Raymond montre très bien comment Du Bartas a christianisé la doctrine de l'inspiration élaborée par la Pléiade, sans en modifier la structure (*L'Influence* ..., p. 279-280).

[13] *Brief advertissement*, éd. cit. p. 348. Sur la fonction esthétique des passages scientifiques des *Sepmaines*, voir B. Braunrot, "La poétisation de la matière encyclopédique dans les *Sepmaines* de du Bartas", dans J. Dauphiné éd. *Du Bartas poète encyclopédique du XVIème siècle*, Lyon, 1988, p. 77-91.

[14] Voir le texte de Ronsard cité ci-dessus, et M. Raymond, *op. cit.* (note 3), p. 283. A la fin du *Brief advertissement* (p. 353-354), Du Bartas se montre tiraillé entre les exigences de son idéal chrétien et celles de la poésie en vigueur.

carmes gueres plus clairs, ny plus doux"[15]. Et si la science était bien la servante de la théologie, elle ne devait pas prendre le pas sur elle avec ses étalages indiscrets. Celui qui interprétait l'Ecriture pouvait recourir au savoir profane afin d'éclairer quelques points précis, il n'avait que faire d'un cours complet de philosophie naturelle: un hexaméron n'était pas une encyclopédie.

Pour dérouler continûment ses trois fils, poétique, religieux et "didascalique", sans les rompre ni compromettre l'unité de son poème, Du Bartas a donc fait preuve d'une diligence peu commune. L'étude du *Quatrième Jour* en apporte un exemple.

*

Dans ce chant, l'originalité du projet de Du Bartas se révèle avec netteté. Se casant à son aise dans la structure assez lâche proposée par la sixième Homélie de saint Basile, un petit traité de la sphère s'y développe, proposant un exposé sommaire mais cohérent de la doctrine astronomique. Et il apparaît que le but principal du poète n'est pas de résoudre les quelques problèmes traditionnellement posés par les versets 14 à 19 du premier chapitre de la *Genèse* (pourquoi les luminaires sont-ils apparus après la lumière? Si le soleil et la lune sont des "signes", l'astrologie acquiert-elle une certaine validité?): il cherche surtout à montrer le fonctionnement de la machine céleste[16]. Le *Quatrième Jour* serait donc principalement inspiré par l'esprit "didascalique", qui régnerait à la fois sur l'*inventio* et sur la *dispositio* de sa matière. Mais cette

---

[15] *Brief advertissement*, p. 348-350. Variante de l'éd. princeps, p. 355.

[16] Voir I. Pantin, "La *Sepmaine* et les livres de la sphère: de l'hexaméron au traité", dans *Du Bartas poète encyclopédique*, p. 239-256.

conclusion demande à être nuancée; nous essaierons de le faire en analysant deux éléments bien divers de la synthèse bartasienne: d'une part les ornements poétiques, de l'autre les polémiques.

La matière astronomique du *Quatrième Jour* est toute entière agrémentée de "moullures et fueillages poëtiques", dans la mesure où Du Bartas y a constamment déployé les charmes d'une *elocutio* bien conforme aux exigences de la Pléiade: "metaphores, alegories, comparaisons, similitudes, energies, et tant d'autres figures et ornemens, sans les quelz tout oraison et poëme sont nudz, manques et debiles"[17]; les images les plus usées des manuels scolaires ne sont pas seulement utilisées pour leur valeur pédagogique mais aussi pour donner du lustre au discours, le "relever" et "quasi separer du langage commun [...] car le style prosaïque est ennemy capital de l'eloquence poëtique"[18]. Nous pouvons donner pour exemple de cette double appartenance et de ce double usage de la figure, la comparaison des astres enchâssés dans leurs sphères (dont ils forment la partie la plus épaisse) avec les nœuds du bois (v. 77-79):

> Et comme on void çà bas dans le tige d'un chesne
> Le nœud entortillé de mainte large veine,
> Avec le demeurant estre d'un mesme bois [...]

Il s'agit d'un très vieux topos de la littérature astronomique, mais qui fait bonne figure dans un poème puisque les belles comparaisons, depuis Homère, "se prennent sur les choses de la Nature: Comme sur animaux, lions, loups,

---

[17] Du Bellay, *La Défense*, l. I, ch. 5; éd. cit. p. 33.

[18] Ronsard, préface posthume de la *Franciade* (1587), dans *Œuvres complètes*, éd. Laumonier, t. XVI, p. 332.

fourmis: sur choses inanimées, chênes, montagnes et autres semblables"[19]. Le poète chrétien s'est même autorisé d'une longue tradition de la poésie astronomique pour transformer l'énumération des planètes en une succession de petits tableaux mythologiques. Son évocation de Vénus, par exemple, est plus réservée, plus sobre et moins prolixe que celles de Pontano et de Peletier[20], mais elle en restitue l'essentiel (v. 375-382):

> La doûillette Venus, dont la vertu feconde
> Engrosse heureusement tous les membres du monde,
> A qui les jeux mignards, les douces voluptez,
> Les mols Cupidonneaux, les gentiles beautez,
> La jeunesse, le ris, et le bal font escorte,
> Du jour porte-lumière ouvre et ferme la porte:
> Sans que ses pigeons blancs, ou sus, ou sous les eaux,
> S'osent guere escarter du Prince des flambeaux.

Un tel passage joint idéalement l'utile à l'agréable, puisqu'il transmet des informations "didascaliques": les propriétés fécondantes de l'influx de Vénus, et la durée de sa période, sensiblement égale à celle du soleil dont elle ne s'éloigne jamais beaucoup; il permet de comprendre pourquoi la science est un "exquis joyau". Périphrases et antonomases ("la grace d'elle[s] est quand on designe le nom de quelque chose par ce qui luy est propre, comme *le Pere foudroyant*, pour *Jupiter*"[21]) pullulent à juste titre: ces figures sont à la fois poétiques ("les excellens

---

[19] Peletier, *Art poétique*, éd. cit., p. 274.

[20] Pontano, *Urania*, dans *Opera*, Bâle, 1556, t. IV, p. 2889-2890 (44 vers). Jacques Peletier du Mans, *L'Amour des amours*, Lyon, 1555, p. 95-102.

[21] Du Bellay, *La Défense*, l. II, ch. 9; éd. cit., p. 95.

Poëtes nomment peu souvent les choses par leur nom propre"[22]), et "didascaliques" puisqu'elles remplacent le mot par une sorte de définition condensée[23]. Dans cette leçon d'astronomie, qui reste pourtant toujours claire, les astres sont des "brandons" (v. 91, 113 etc.), des "médailles brillantes" (v. 137) ou "le peuple brillant" (v. 196); de telles images peuvent sembler banales et "oisives", comme disaient Du Bellay et Ronsard, car elles n'enrichissent guère la notion que nous pouvons avoir de l'objet, mais parfois elles apportent une précision intéressante: Du Bartas appelle les étoiles fixes "tremblantes chandelles" au moment où il évoque leur scintillation qui les distingue des planètes (v. 288). La terre est "notre rond séjour" (v. 152), ce qui n'est pas d'une originalité bouleversante; mais n'oublions pas que les manuels de cosmologie, résumant Ptolémée, consacraient toujours un chapitre à la démonstration de la sphéricité de la terre.

Cependant, en matière de beautés poétiques, le *Quatrième Jour* offre encore mieux: des passages dont la fonction semble essentiellement esthétique et dont on ne saurait trouver l'équivalent ni dans un hexaméron en prose, ni dans un livre d'astronomie (sauf si l'auteur dudit livre, poète lui-même, abandonne momentanément sa leçon et s'accorde une petite récréation[24]). Ces orne-

---

[22] Ronsard, *op. cit.* à la note 18, p. 333. Ronsard précise tout de même que l'abus de "circonlocutions" rend l'ouvrage "enflé et bouffi" (p. 334).

[23] Ce n'est pas un hasard si Jean-Pierre de Mesmes avait fait un très large usage de la périphrase et de l'antonomase quand il avait tenté d'appliquer à l'enseignement de l'astronomie les consignes de la *Défense*, et de créer un vocabulaire scientifique français. Voir I. Pantin, "J.-P. de Mesmes et ses *Institutions astronomiques* (1557)", *Revue de Pau et du Béarn*, 13 (1986), p. 167-182.

[24] J.-P. de Mesmes (texte cité à la note précédente) insère dans son texte des imitations en vers de poèmes astronomiques latins.

ments ne sont pas placés au hasard, mais de manière à souligner les principales articulations du chant.

Le premier se situe tout naturellement à l'ouverture: c'est l'invocation à l'Esprit Saint qui entraîne une comparaison entre le poète et le prophète Elie. Le deuxième sépare l'exposé des problèmes cosmologiques généraux (matière des astres, principe de leur mouvement, réfutation de l'hypothèse du mouvement terrestre) du cours d'astronomie proprement dit: c'est l'évocation du ciel étoilé, et plus particulièrement du Zodiaque, introduite par l'image du paon (v. 165-276). Le troisième succède au développement sur l'astrologie: c'est l'hymne aux luminaires ("Phœbé mere des mois, Phœbus pere des ans [...]", v. 497) qui ouvre la section finale du chant. Tous ces passages se conforment à des modèles tout à fait littéraires: non seulement ils imitent de célèbres morceaux de poésie astronomique, mais ils utilisent des figures prestigieuses, qui appartiennent sans équivoque au style de l'épopée.

"En premier lieu, le Poète commence par l'invocation des Dieux, ou, le plus souvent, des Muses", dit Peletier dans son chapitre "De l'œuvre Héroïque"[25], une règle fidèlement observée par Du Bartas, à la fois par respect des conventions littéraires et par piété, pour ne pas laisser oublier que le commentateur de l'Ecriture (l'archétype du texte inspiré) a besoin, lui-aussi, du souffle qui rend prophète. La courte invocation du *Quatrième Jour* entremêle deux "fables": l'allusion au mythe de la chaîne aimantée de l'*Ode à Michel de L'Hospital* s'introduit en effet dans la "fiction" du voyage cosmique.

---

[25] Ed. cit., p. 305. — G. Colletet admirait tout particulièrement "les frontispices, les invocations, les épisodes" de la *Sepmaine* (voir M. Raymond, *op. cit.* à la note 3, p. 283).

En se représentant à travers la figure d'Elie emporté sur un char de feu, Du Bartas a choisi la version biblique de ce schéma narratif, traditionnellement lié à la description littéraire du ciel. Dans la *République*, Cicéron avait eu recours au Songe pour faire traverser les sphères à Scipion; dans la *Divine comédie*, c'était la Dame qui servait d'intercesseur, et l'amour de force motrice, une idée reprise par Peletier dans l'*Amour des amours* (1555)[26]. L'histoire du prophète "transport[é] dans l'ardante charrete / Sur les Cieux estoillez" (v. 1-2) soutenait la comparaisons avec les plus belles fables, ces fables sans lesquelles, à la Renaissance, il n'y avait pas de poésie[27], et elle les surpassait infiniment par son authenticité:

> je ne mets point en œuvre des pierres fausses [...] ains des vrais diamans, rubis et esmeraudes, prises dans le sacré cabinet de l'Escriture[28].

---

[26] Voir I. Pantin, "Microcosme et Amour volant dans l'*Amour des amours* de J. Peletier du Mans", *Nouvelle revue du XVIème siècle*, 2, 1984, p. 43-54; et, plus généralement, B. S. Ridgely, "The cosmic voyage in French sixteenth-century learned poetry", *Studies in the Renaissance*, 10, 1963, p. 136-162.

[27] Sur cette question et sur le problème plus vaste du rapport entre science et littérature, voir J. Miernowski, "La poésie scientifique française à la Renaissance: littérature, savoir, altérité", dans *What is literature? France 1100-1600*, éd. par F. Cornilliat, U. Langer et D. Kelly, French Forum, 1992, p. 85-99. Sur le statut de la fable dans la tradition antique et médiévale, voir P. Dronke, *Fabula*, Leyde, 1974.

[28] *Brief advertissement*, éd. cit. p. 353-354.

S'il est vrai qu'être poète, c'est "savoir déguiser la vérité des choses / D'un fabuleux manteau dont elles sont encloses"[29], Dieu, maître de l'histoire humaine et auteur de la Bible (par la voix des prophètes), est le poète par excellence, celui qui invente des fictions absolument vraies.

Le poète-prophète du *Quatrième Jour* rêve que son char, piloté par le Saint Esprit ("Veuille estre mon cocher", v. 7), accompagne tour à tour les révolutions des planètes, pour permettre à sa Muse d'en connaître "La force, le chemin, la clarté, les travaux" (c'est-à-dire les particularités astronomiques et astrologiques), et de l'enseigner "au peuple aime-vertu",

> Sur le Pole attirant les plus rebelles cœurs
> Par l'eymant ravisseur de ses accents veincueurs (v. 15-16).

La force magnétique de l'inspiration descend donc de Dieu vers la Muse et son poète, qui vagabondent parmi les sphères célestes, puis vers le commun des hommes, et elle achève son cycle en remontant vers le Ciel, entraînant irrésistiblement les cœurs "ravis" par son charme: on retrouve bien ici, revêtu de couleurs chrétiennes, la partie centrale du mythe de l'*Ode à Michel de L'Hospital*, quand Jupiter promet à ses filles de réunir le Ciel à la terre et les Dieux aux hommes par la chaîne aimantée de la poésie[30]:

---

[29] Ronsard, *Hymne de l'Automne,* éd. cit., t. XII, p. 50, v. 80-82. Voir aussi J. Céard, "Dieu, les hommes et le poète: structure, sens et fonction des mythes dans les *Hymnes* de Ronsard", dans *Autour des Hymnes de Ronsard,* éd. par M. Lazard, Paris, 1984, p. 83-101.

[30] Ronsard, éd. cit., t. III, p. 142.

Comme l'Emant sa force inspire
Au fer qui le touche de pres,
Puis soubdain ce fer tiré, tire
Un aultre qui en tire apres:
Ainsi du bon filz de Latonne
Je raviray l'esprit à moy,
Luy, du pouvoir que je luy donne
Ravira les vostres à soy:
Vous, par la force Apollinée
Ravirez les Poëtes saincts,
Eulx, de vostre puissance attaincts
Raviront la tourbe estonnée.

Par la figure de l'invocation et le recours à la fable, le début du *Quatrième Jour* ancre donc fermement le discours en terrain poétique; mais il n'est pas question de divaguer: les 16 premiers vers sont aussi une introduction efficace qui n'oublient pas la mission religieuse du poème et s'arrangent même pour donner le sommaire de l'exposé qui va suivre (v. 8-12). En revanche, la description du Zodiaque apparaît bien profane et peu fonctionnelle. La comparaison initiale du paon, qui étale les splendeurs de sa queue pour séduire sa dame (v. 171-184), donne le ton: elle suit les canons de l'excellence poétique. "Prise sur les choses de la Nature", elle est appropriée puisqu'elle exprime à la fois la splendeur de la voute étoilée et les relations amoureuses qui unissent le ciel à la terre; l'exubérance de son style ("Houpé de flocons d'or, d'ardans yeux piolé, / Pommelé haut et bas"...) convient à son objet; elle recèle une allusion bien venue à la fable d'Argus et possède cette couleur homérique qui tient à une légère inadéquation entre référent et référé: figurer la plus belle partie de la création par l'emblème de la vanité pourrait sembler déplacé, mais Homère avait bien com-

paré l'armée des Achéens à "une bande de mouches"[31].
Pour maintenir cette qualité de style, la séquence des
signes du Zodiaque n'est pas un catalogue didactique,
c'est une véritable *ecphrasis*, c'est-à-dire la description
artiste d'un objet d'art, dans la tradition de la rhétorique
hellénistique. En effet le poète n'y décrit pas les constellations du ciel "naturel", mais des représentations allégori-
ques analogues à celles qui ornaient les manuscrits
astrologiques, les cartes ou les globes célestes[32]. L'on a
beaucoup admiré le mouvement "baroque" et l'animation
de cette évocation, d'autant plus expressive que le
Zodiaque est un "signe culturel de l'écoulement du
temps"[33]. En fait, dans les représentations figurées du
Zodiaque, les Signes étaient généralement montrés en
action, comme une ronde de personnages qui entretiennent
entre eux des relations; et la poésie astronomique avait la
même habitude, qu'il s'agisse des *Astronomica* de Mani-
lius[34] ou de textes plus contemporains, comme les *Aste-*

---

[31] *Iliade*, II, 469. L'image avait choqué Peletier (*Art poétique*, éd. cit.
p. 274), mais sans doute plus par sa "bassesse" que par son étrangeté.
Ronsard, dans la *Franciade*, utilise beaucoup de comparaisons "déca-
lées", à la manière d'Homère. Sur l'image du paon, voir aussi B.
Braunrot, art. cit. (note 13), p. 85-86.

[32] Voir G. M. Sesti, *Le dimore del Cielo*, Palerme, 1987. — Sur
l'*ecphrasis*, voir L. Méridier, *L'influence de la seconde sophistique* ...,
Rennes, 1906, p. 139-151; M. Fumaroli, *L'Age de l'éloquence*, Genève,
1980, p. 260-262 et p. 678.

[33] J. Miernowski, *Dialectique et connaissance dans la Sepmaine de Du
Bartas*, Genève, 1992, p. 57; voir aussi B. Braunrot, art. cit. (note 13),
p. 84.

[34] I, v. 263 sqq: "Aurato princeps Aries in vellere fulgens / respicit
admirans aversum surgere Taurum ...".

rismi d'Antoine Mizauld[35], ou la *Galliade* de La Boderie[36]:

> Le Mouton tresluisant à la toison esleuë
> De floccons d'or crespez richement houpeluë:
> Apres vient le Thoreau poursuivy des Gemeaux [...]
> Et le Bouc est poussé de l'Idean Verseau
> Qu'on voit sur les Poissons respandre son vaisseau [...].

Quoi qu'il en soit, l'*ecphrasis* de *La Sepmaine* parvient à un rare équilibre entre la profusion descriptive et l'agilité du mouvement. Un rare équilibre peut-être aussi entre la séduction littéraire et l'adaptation au propos d'ensemble. Ce passage richement ornementé dit l'essentiel: l'ordre de succession des signes et leur rapport avec les saisons. D'autre part, il respecte, si l'on peut dire, la couleur idéologique du reste du chant. Le modèle de la belle description astronomique au XVIème siècle était fourni par l'*Urania* de Pontano, ce poème latin en cinq chants, composé à la fin du XVème siècle, et que Peletier avait déjà imité. Du Bartas s'est certainement souvenu de Pontano, mais de loin, et avec une évidente réserve. Dans son évocation des constellations zodiacales, Pontano accorde la plus large place à la mythologie et à l'allégorie, il recrée un monde céleste saturé de forces occultes et d'influences astrales[37]; le ciel de Du Bartas est bien plus sage, peuplé d'animaux restés naturels malgré leurs luxueuses parures, et de belles créatures saisies au milieu de leurs occupations: les Gémeaux courent après le

---

[35] A. Mizauld, *Asterismi sive stellatarum octavi caeli imaginum officina*, Paris, C. Guillard, 1553, C1r°-C2v°.

[36] Guy Le Fèvre de La Boderie, *La Galliade...*, Paris, 1578, f. 6.

[37] *Urania*, 1. II, et 1. III, 1-506. Voir B. Soldati, *La poesia astrologica nel quattrocento*, Florence, 1906, p. 276-285.

Taureau, la Vierge balaie majesteusement l'espace de son manteau, le Sagittaire tient le Scorpion en respect et le Verseau arrose les Poissons; tous mènent leur ronde sans faire peser sur la terre de fatales menaces, et s'inquiètent seulement de veiller à la succession des mois et à la météorologie: ils ne sortent pas du rôle que leur assigne, un peu plus loin, la discussion sur l'astrologie et sa ferme opposition au fatalisme païen[38].

Pour ne pas trop tarder, nous ne nous arrêterons pas sur l'invocation au soleil et à la lune, sinon pour dire qu'elle a tous les caractères de l'hymne de célébration, tel que l'avait pratiqué Ronsard. Selon Scaliger, l'hymne était la forme la plus noble (devant l'ode et l'épopée)[39]; même sans se placer si haut, elle permettait de répondre à trois exigences, celle d'une poésie de grand style, celle d'une ferveur religieuse s'exprimant par la louange, et celle de l'investigation scientifique: pour célébrer l'objet, il faut le nommer et le décrire[40]. Les ornements poétiques du *Quatrième jour* ne compromettent donc pas la réussite des deux autres "missions" du poème: ils encadrent intelligemment l'exposé "didascalique", ils y participent discrètement, au besoin; et ils sont suffisamment disciplinés pour ne pas contredire les conceptions philosophiques et religieuses qui s'expriment ailleurs.

Un autre élément peut jouer un rôle unificateur: les polémiques philosophiques. En effet, la polémique a aussi

---

[38] La description des planètes accorde plus de place aux thèmes mythologiques et astrologiques.

[39] J.-C. Scaliger, *Poetices libri septem*, s. l. 1617 (1ère éd., Genève, 1561), p. 13.

[40] Sur cet aspect de l'hymne, voir notamment Ronsard, *Hymnes*, éd. par A. Py, Genève, 1978, introd., p. 22-32. — Le terme d'hymne est employé par S. Goulart dans son commentaire (Du Bartas, *Œuvres poétiques*, Genève, 1601, t. I, p. 311).

bien sa place dans un hexaméron traditionnel (où elle sert à combattre les thèses religieusement indésirables, comme celle de l'éternité du monde) que dans un livre scientifique (où elle impose simplement une hypothèse, au détriment d'une autre); or l'on observe que les polémiques du *Quatrième Jour* peuvent s'interpréter dans l'un et l'autre cadre, sans qu'il soit facile (ou même possible) de faire la part des choses. Laissant de côté les polémiques sur l'animation des astres et sur l'astrologie, nous nous intéresserons à la réfutation de l'héliocentrisme[41].

Le fait même que Du Bartas ait cru bon de traiter cette question n'a rien d'étonnant. En 1578, le *De revolutionibus* (paru en 1543) était un livre relativement célèbre, même si les lecteurs capables de suivre le détail de ses démonstrations restaient fort rares[42]. Les traités de la sphère "pour le grand public cultivé", comme les *Institutions astronomiques* de Jean Pierre de Mesmes (1557) ou l'*Univers* de Pontus de Tyard[43], mentionnaient et discutaient sommairement sa thèse. Généralement, la discussion tournait en sa défaveur, mais, et c'est ce qui nous retiendra ici, elle pouvait prendre diverses tournures. Dès la

---

[41] Sur cette question, voir aussi J. Dauphiné, *G. de Saluste Du Bartas poète scientifique*, Paris, 1983, p. 100-112; R. Esclapez, "Le problème cosmologique dans les *Sepmaines* de Du Bartas et de Gamon ...", dans C.-G. Dubois éd., *L'Invention au XVIème siècle*, Bordeaux, 1987, p. 107-133.

[42] Sur la diffusion du *De revolutionibus* en France, voir J. Plattard, "Le système de Copernic dans la littérature du XVIème siècle", *Revue du XVIème siècle*, 16 (1913), p. 220-237. A compléter par M. Casenave et R. Taton, "Contribution à l'étude de la diffusion du *De revolutionibus* de Copernic", *Revue d'histoire des sciences*, 27 (1974), p. 307-327; F. J. Baumgartner, "Scepticism and French interest in copernicanism to 1630", *Journal for the history of astronomy*, 17 (1986), p. 77-88.

[43] Sur J.-P. de Mesmes, voir ci-dessus les notes 10 et 23. — Pontus de Tyard, *L'Univers*, Lyon, 1557.

seconde moitié du XVIème siècle, il existait deux sortes d'arguments contre Copernic: des arguments physiques (d'après lesquels la terre ne pouvait bouger sans contrevenir aux lois naturelles fondamentales définies par Aristote), et des arguments tirés de l'Ecriture. La situation n'était pas encore aussi claire qu'au début du XVIIème siècle, où la thèse copernicienne devait être interdite par l'Eglise (en 1616), mais les théologiens, protestants et catholiques, avaient déjà recensé tous les passages où la Bible parle de l'immobilité terrestre ou du mouvement du soleil[44], confirmant ainsi les craintes exprimées par Copernic lui-même, dans sa dédicace au pape Paul III, au sujet des critiques incompétents qui se permettraient de l'attaquer "à cause de quelque passage de l'Ecriture malignement détourné de son sens"[45]. Jean Pierre de Mesmes réunissait les deux argumentations dès 1557: après les "raisons physicales", il alléguait les "auctoritez de la saincte escriture", rappelant notamment "que le soleil arresta son cours journel à la requeste de Josué" et traduisant le psaume 18 qui compare le soleil à un jeune époux sortant

> Du lict de l'espousee:
> Semble un Geant moult grand,
> S'esgayant quand il prend

---

[44] *Job* 9: 6-7; 26: 7; 38: 4-6. *Josué* 10: 12-14. *Psaumes* 18: 6-7; 92: 1; 103: 5; 118: 90. *Ecclésiaste* 1: 4-6. I *Chroniques* 16: 30. *Proverbes* 3: 19. *Isaïe* 38: 8. — P.-N. Mayaud a réuni, sur le commentaire et l'utilisation de ces textes jusqu'au début du XVIIIème siècle, un impressionnant dossier de témoignages, à paraître.

[45] Copernic, *De revolutions des orbes célestes*, éd. et trad. par A. Koyré, Paris, 1934, p. 47.

Sa course tant prisée.
D'un bout des Cieux il sort,
Et gaigne l'autre bord [...][46]

Curieusement, l'hexaméron de Du Bartas semble avoir adopté sur ce point une position plus laïque que le manuel qui lui a peut-être servi de modèle. Car sa réfutation de l'héliocentrisme (v. 121-160) comporte uniquement des arguments physiques. Ces arguments sont d'ailleurs sans originalité, et ils ne témoignent pas d'une véritable compréhension du problème puisqu'ils débutent par un gros contresens, en attribuant à l'adversaire une thèse absurde:

Ainsi toujours du ciel les médailles brillantes
Seroyent l'une de l'autre esgalement distantes (v. 137-138),

signifie en effet que si la terre était la seule à se mouvoir (ce que Copernic n'a jamais prétendu), nous verrions toujours les planètes à la même place, les unes par rapport aux autres[47]. Mais les compétences astronomiques de notre auteur n'importent guère, dès lors qu'il s'agit de s'interroger sur l'exclusion des arguments scripturaires.

L'on pourrait imaginer que Du Bartas a voulu ainsi marquer ses distances par rapport au genre de l'hexaméron; mais cette conclusion serait sans doute trop hâtive. Des raisons tenant à la *dispositio* de la matière ont dû jouer; en effet, les citations bibliques traditionnellement utilisées contre l'héliocentrisme figurent dans le *Quatrième jour*; elles ont simplement été reportées dans la

---

[46] Ed. cit. (note 10), p. 58.

[47] Sur l'argumentation de Du Bartas, voir I. Pantin, art. cit. (note 16), p. 250-252.

partie finale (sur les luminaires). Le psaume 18/19 est paraphrasé dans l'hymne au soleil (v. 554-566):

> Tu sembles, ô Titan, un bel espoux qui sort
> Le matin de sa chambre [...]

Quant aux miracles accomplis par Dieu qui arrêta ou fit reculer le soleil en faveur de Josué (*Josué*, 10) et d'Ezéchias (*Isaie*, 38: 8), ils donnent au *Jour* sa conclusion (v. 757-788). Du Bartas a fort bien pu juger que le psaume, de par sa qualité poétique, convenait mieux à un chant de célébration qu'à une démonstration de physique, et que le récit des interventions divines sur le cours de la nature succédait heureusement à la description scientifique; et en les déplaçant, il a enlevé à ces citations presque toute valeur polémique.

Des motifs religieux plus précis peuvent être aussi en cause. Calvin, dans son exégèse, a constamment rappelé que la Bible ne délivre pas un enseignement scientifique:

> Dieu nous parle de ces choses [les phénomènes astronomiques] selon que nous les apercevons, et non pas selon qu'elles sont[48].

Il n'invitait donc guère à mélanger la discussion savante des problèmes physiques avec le commentaire de l'Ecriture. Dans *La Sepmaine*, Du Bartas s'acquittait de l'une et l'autre tâche, au moins tenait-il peut-être à ne pas les confondre. D'autre part, la façon dont il a introduit sa réfutation, en s'indignant contre les partisans de la nouvelle opinion, qualifiés d'"esprits frénétiques" et "de

---

[48] *Commentaire sur Job 9: 7* (1554). *Calvini opera*, éd. par G. Baum et al., 59 vol., Braunschweig-Berlin, 1863-1900, t. 33, p. 423.

monstres forgeurs", fait penser à un texte précis du réformateur, qui contient justement une allusion défavorable à l'héliocentrisme. Il s'agit d'un sermon sur le ch. 10 de la première Épître aux Corinthiens, où saint Paul recommande de fuir absolument l'idolâtrie[49]:

Nous voyons quelle instruction nous avons à recueillir de ce passage: c'est de ne point déguiser ni le bien ni le mal, mais de cheminer en rondeur et en vérité. Quand nous voyons quelque chose bonne et louable, que nous confessions qu'ainsi est: et ne soyons pas semblables à ces fantastiques qui ont un esprit d'amertume et de contradiction, pour trouver à redire à tout, et pour pervertir l'ordre de nature. Nous en verrons d'aucuns si frénétiques, non pas seulement en la religion, mais pour montrer partout qu'ils ont une nature monstrueuse, qu'ils diront que le Soleil ne se bouge, et que c'est la Terre qui se remue et qu'elle tourne. Quand nous voyons de tels esprits, il faut bien dire que le diable les ait possédés, et que Dieu nous les propose comme des miroirs, pour nous faire demeurer en sa crainte. Ainsi en est-il de tous ceux qui débatent par certaine malice, et auxquels il ne chaut d'être effrontés. Quand on leur dira: Cela est chaud: Eh non est (diront-ils), on voit qu'il est froid. Quand on leur montrera une chose noire, ils diront qu'elle est blanche [...]. Mais voilà comme il a des forcenés qui voudraient avoir changé l'ordre de la nature, même avoir ébloui les yeux des hommes, et avoir abruti tous leurs sens.

Ce texte a été signalé par R. Stauffer[50] qui y voit un signe de la position conservatrice de Calvin, en matière de

---

[49] Calvin, 8ᵉ sermon sur I Corinthiens 10: 19-24 (prédication de 1556 éditée en 1558). *Calvini opera*, t. 49, p. 677.

[50] R. Stauffer, *Dieu, la Création et la Providence dans la prédication de Calvin*, Berne, 1978, p. 183-190.

cosmologie, une interprétation vigoureusement réfutée par P. Marcel[51]. Il semble clair, en effet, que ce passage a une valeur essentiellement religieuse et morale, le cas de l'héliocentrisme étant retenu pour stigmatiser la perversion et la mauvaise foi démoniaque de ceux qui nient l'évidence. Et il est significatif que la réfutation ostensiblement "scientifique" de *La Sepmaine* soit précédée par une condamnation morale analogue à celle de Calvin. C'était un lieu commun, au XVIème siècle, que de blâmer l'originalité et les goûts paradoxaux des défenseurs de Copernic, mais un mouvement d'indignation aussi violent contre les "forgeurs" de "monstres" passe la commune mesure. Du Bartas ne s'en prend pas à une erreur passagère, il attaque un travers de l'esprit, une attitude systématiquement dévoyée. Comme les "fantastiques" de Calvin "trouvent à redire à *tout*", ses "frénétiques" "se perdent *tousjours* par des sentiers obliques".

Ce dernier exemple, autant que ceux qui précèdent, montrent que dans *La Sepmaine* les raisons de la poésie, de la religion et de la "didascalie" sont bien difficiles à démêler.

Isabelle PANTIN

---

[51] P. Marcel, *Calvin et Copernic...*, fasc. 121 de la *Revue réformée*, t. 31 (1980).

DISPOSITION DV QVATRIESME IOVR.

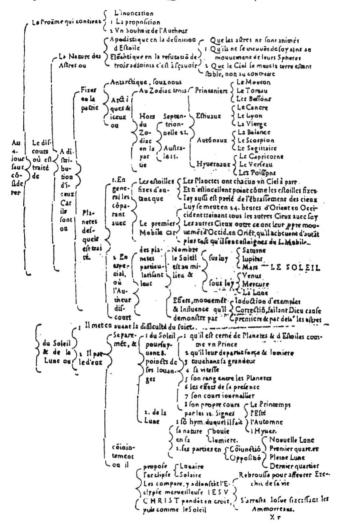

"Disposition du quatriesme jour" in *La Sepmaine* (...)
Paris, H. de Marnef et la veufve de G. Cavellat, 1585.

DU BARTAS:
RÉFLEXION SUR "LE SEPTIÈME JOUR"

Le récit de la création du monde se fait traditionnellement en six "jours", dans les hexamera, dont le *Microcosme* de Scève, publié en 1562, pourrait être un avatar. Pic de la Mirandole avait renouvelé le genre dans l'*Heptaplus*, traduit en 1578 par Nicolas Le Fèvre de la Boderie, en ajoutant le 7ᵉ Jour: "comme aux six jours du genèse succède le Sabbath ou repos, ainsi sera il convenable que, après avoir distribué l'ordre des choses provenantes de Dieu, et expliqué leur union et différence, avec les alliances et habilitez, qu'en la septième, ou pour ainsi parler sabbataire exposition nous attouchions aucunement la béatitude des âmes et leur retour par devers Dieu..."[1]. Ce septième jour se situe par définition en marge de la création, comme le jour de la contemplation et du repos divins, préfigurant l'accès au repos éternel, à la béatitude des réssuscités. C'est ainsi que Du Bartas le présente:

"Il veut que ce Sabat nous soit une figure

[1] Voir François Secret, "Les Sepmaines dans la tradition de l'*Heptaplus*'", *Du Bartas, poète encyclopédique du XVIᵉ siècle*, publié sous la direction de James Dauphiné, La Manufacture, 1988. Citation p.309. A propos de l'influence de l'hexameron, voir aussi l'introduction d'Yvonne Bellenger à l'édition de La Sepmaine, STFM, Nizet, 1981, p.XLVIII-XLIX; c'est au texte de cette édition que renvoient nos références à Du Bartas.

Du bien-heureux Sabat de la vie future
(...) C'est le grand Jubilé, c'est la feste des festes
Le Sabat des Sabats, qu'avecques les Prophètes,
Les Apostres zelez, et les Martyrs constans,
Heureux nous esperons chommer dans peu de temps."

(VII v. 419-434)

Cependant, au lieu d'engager le lecteur dans une évocation de l'au-delà, telle qu'elle apparaît dans l'imaginaire chrétien, avec la fusion dans la lumière et l'amour divins, et la vision de Dieu face à face, notre VIIe Jour montre un Dieu qui ne se repose pas et qui demande à l'homme de continuer son travail, en tournant ses regards vers la nature pour y récolter des "leçons" de morale pratique.

Dans *La Sepmaine* de Du Bartas le VIIe Jour n'est pas le jour du Sabat; il occupe une position méta-textuelle qui permet au poète de redire l'ensemble de la Création (divine et poétique) selon une perspective nouvelle. Nous interrogerons donc cette image déçue du Sabat, dont le texte se dissocie pour donner une autre fonction à ce dernier Jour; puis nous essayerons de mieux cerner les notions complexes et mouvantes de contemplation, miroir, et point de vue, que le poète se plaît à croiser dans un savant jeu de réflection.

1. Le 7e Jour n'est pas le Sabat.

La Sepmaine procède par glissements, mises en relations forcées qui imposent à l'imagination des analogies dont la valeur réside le plus souvent dans les dissemblances et les écarts qui y sont révélés. L'écriture elle-même joue d'une oscillation entre la tentation d'une mise en scène de la participation mimétique, de l'émotion provoquée, et celle d'une prise de distance brusque qui

fait basculer le lecteur d'un ordre à l'autre, qui l'extrait
d'un mode de lecture et l'oblige à déplacer son point de
vue, gardant le souvenir du premier. Ainsi, le VIIe Jour
est hanté par l'image du Sabat, qu'il métamorphose
complètement. La structure générale reprend comme
points de départ des deux grandes parties, les deux
éléments de la définition biblique: contemplation et repos
divins, pour les repousser presqu'aussitôt. Tout d'abord la
contemplation de Dieu est comparée à celle du peintre qui
jouit de son tableau achevé, et l'œuvre divine est récapi-
tulée du Ier au VIe Jour jusqu'à la création de l'homme
(v. 1-98). Le VIIe Jour reste non dit, mais constamment
présent dans l'écriture de ce qu'il fait réapparaître,
impliqué en contre-champ. Très vite cette simple contemplation est écartée: Dieu n'est pas un roi qui vient assister
passivement au spectacle, "qui s'assied pour s'esbattre"
(v.117-118), ni une divinité léthargique, la création est
continuée par sa toute puissance efficace. C'est le tableau
de ce Dieu toujours actif au sein de son œuvre que nous
présente finalement la première partie (v.99-358). La
seconde partie du texte commence par l'évocation du
Sabat, et du repos (v.359-434), mais très vite là encore, le
poète marque la distance qui sépare le Sabat absolu du
Sabat de "ce jourd'hui", qui sert à l'éducation morale de
l'homme: le livre de la nature est ouvert moins pour qu'il
y lise la présence de Dieu (comme il était demandé au Ier
Jour, v.151-178), que pour lui apprendre à "bien vivre"
(v.444). Le texte à nouveau retrace l'ensemble de la
création, du IIe au VIe Jour, en montrant qu'elle est un
exemple pour les conduites humaines (v.435-708).

De façon révélatrice, dans les derniers vers le poète
affecte de corriger son écriture qui se serait égarée dans
la répétition:

"Quoy, Muses, voulez-vous redire l'artifice,
Qui brille haut et bas dans l'humain édifice?
Veu qu'un mesme sujet deux ou trois fois tanté,
Ennuie l'auditeur, pour bien qu'il soit chanté.
Sus donq Muses à bord, jettons, ô chère bande,
L'anchre arreste-navire: attachons la commande.
Ici ja tout nous rit: ici nul vent ne bat:
Puis c'est assez vogué pour le jour du Sabat."

(v.709-716).

Ainsi, les 716 vers du VIIe Jour nous mènent seulement aux rives du Sabat, où nous entrevoyons à l'extrême fin, le bonheur, la paix, l'immobilité, et enfin le silence réalisé puisque l'écriture s'arrête, figurant ainsi que le sujet de cette journée est indicible et au-delà.

Si nous appliquons à la lecture de notre texte le modèle structurel qu'il a lui-même mis en place, nous pouvons supposer que le véritable sujet de ce Sabat humain ne se situe pas dans le thème envisagé, ni dans ce qui est *écrit*, mais tout le long du texte, indicible et au-delà, dans le regard qui lit: le VIIe Jour ne peut se prendre pour objet, il se laisse percevoir indirectement, hors texte. En fait, ce dernier Jour en reste bien à la création de l'homme, ou plutôt de l'homme en Dieu, "l'homme vrayment Chrestien" (v.527), "vrayment constant" (v.351), et du long cheminement (ou travail) qui commence pour lui sur cette terre, avec la naissance de la conscience, ou du regard en retrait, qui suppose la distance et le décalage.

Car la béatitude de la coïncidence et de la fusion est en marge de la vie humaine: en amont avec Adam au jardin d'Eden, ou en aval avec le ravissement qui attend les Justes au Paradis, et qu'ont connu certains prophètes. Du Bartas à plusieurs reprises décrit cette extase mystique, en termes identiques. La contemplation voluptueuse de Dieu au VIIe jour aura pour écho direct non celle du lecteur et du poète au même jour, mais celle d'Adam, dans la *Seconde Semaine*[2]:

"...Tout aussi tost qu'Adam vit nostre jour,
Il commence admirer le verdoyant séjour..." (Eden, v.295-96);
"Il admire tantost... (v.309); Il admire tantost... (v.313);
Il admire tantost... (v.317); Il admire tantost... (v.319)";
"Il désire cent yeux cent nez et cent oreilles
Pour avoir l'usufruit de si douces merveilles:
Veu qu'il ne sçait si l'œil treuve plus de couleurs
L'oreille oit plus d'accords, le nez sent plus d'odeurs."
(v.329-332).

Au VIIe Jour de *La Sepmaine* :

"...[Dieu] œillade tantost... (v.63); "Ore il prend son plaisir
à voir..." (v.65);
"Il s'esgaye tantost à contempler..." (v.69 sq);
"Et bref l'oreille, l'œil, le nez du Tout puissant
En son œuvre n'oit rien, rien ne voit rien ne sent
Qui ne presche son los, où ne luise sa face,
Qui n'espande partout les odeurs de sa grâce" (v.91-94).

A la fin des Artifices, dans la *Seconde Semaine* , Adam déchu par la faute originelle est néanmoins saisi d'une vision prophétique avant d'être lui-même enlevé au ciel: il récapitule les sept jours de la création (v.595-601), et annonce les sept âges à venir. Le 6ᵉ est celui du Christ, et le 7ᵉ le Sabat, où tout s'arrêtera vraiment:

"Mais le dernier sera le vray jour du Repos.
L'air deviendra muet: de Neptune les flôs

---

[2] *La Seconde Semaine* (1584), éd. Yvonne Bellenger..., STFM, Paris, Klincksieck, 1991, tome I.

Chommeront, paresseus: le ciel perdra sa dance
Le Soleil sa clarté, la terre sa chevance
Et la mort sommeilleuse, oisive, oste-soucy
Havre des travaillez règnera seule ici" (Artifices, v. 623-
628)

Puis, il voit Hénoc dont il décrit le ravissement contemplatif:

"Ja tes yeux non plus yeux,
Decorent flamboyans d'astres nouveaux les cieux.

Tu humes à longs traicts la boisson Nectarée:
Ton Sabat est sans fin. La courtine tirée
Tu vois Dieu front à front, et sainctement uni
Au bien triplement-un, tu vis en l'infini" (v. 671-677).

Cette contemplation initiale ou ultime se caractérise par
l'exaltation et la sublimation des sens; l'éblouissement[3]
où l'homme se laisse consumer en Dieu et, par une
alchimie sacrée, transforme son humanité en divinité[4].

---

[3] Lorsqu'Adam va être ravi aux cieux, ce sont encore les mêmes termes:
"O Dieu regarde moy, à fin que je regarde
Le miroir de ta face. O Soleil, vien et darde
Tes rais dessus ma Lune; à fin qu'ore mes yeux
Eclipsent vers la terre et luisent vers les cieux" (Artifices,
v.565-568).
Enfin, Adam
"tient dessus le front de Dieu ses yeux collez
Il semble qu'un soleil lui flambe sur la face..." (v.588-589).
Nous parlerons plus loin de cet effet de miroir.

[4] Dans l'Eden, *Seconde Semaine*, Du Bartas évoque diverses expériences
extatiques, inspirées des conceptions platoniciennes selon lesquelles
l'âme attend d'être libérée des prisons charnelles pour s'élever et
recevoir des visions: dans le sommeil, la méditation, ou les expériences
mystiques des saints.
"D'un ecstase plus sainct cela se fait encore
Lorsque l'œil voit à clair ce que l'esprit adore:
Que l'Eternel discourt bouche à bouche avec nous

Le Sabat que propose le VIIe Jour est très différent. Du
Bartas l'oppose systématiquement au Sabat traditionnel
(v.421-430): "L'un consiste en ombrage, et l'autre en
vérité / L'un en pédagogie, et l'autre en liberté" (v.425-
426). En effet, l'homme ne se fond pas dans la Révélation; il apprend à déchiffrer les volontés de Dieu, c'est-à-
dire à exercer son pouvoir exégétique. Adam au jardin
d'Eden ne devait pas non plus rester oisif, cependant son
travail était une danse harmonieuse, euphorique[5]; aujourd'hui, l'homme donne une trève "aux profanes
labeurs" (VII, v.385), mais découvre un autre "travail"
contemplatif, l'exercice de sa conscience herméneutique,
où le "repos" cède la place à la distance réflexive, et où
les sens sollicités ne sont plus lieux de plaisir sublime. La
contemplation-jouissance, dont le peintre donnait un
équivalent humain, est remplacée par la lecture "pédagogique" du monde:

"Sied toy donc ô lecteur, sied toy donc près de moy
Discours en mes discours, voy tout ce que je voy
Ouy ce docteur muet, estudie en ce livre..." (v. 441-444).

... Tout tel le vit saint Paul,...
... O doux ravissement, saint vol, amour extrême
Qui fais que nous baisons les lèvres d'Amour mesme
Hymen qui tout confit et de manne et de miel
Maries pour un temps la terre avec le ciel
Feu qui dans l'alambic des pensées divines
Sublimes nos désirs, nostre terre r'affines
Et nous portant au ciel sans bouger de ce lieu
L'homme en moins d'un moment quint'essences en Dieu..." (Eden,
v.373-388).

[5] Sur le "travail" d'Adam, voir la belle analyse de Franck Lestringant
"L'art imite la nature, la nature imite l'art: Dieu, Du Bartas et l'Eden",
Du Bartas, poète encyclopédique du XVIe siècle sous la dir. de James
Dauphiné, La Manufacture, 1988.

Là encore, les comparaisons sont signifiantes: au Ve Jour, le poète évoquait la création des oiseaux (il faisait l'éloge du Pélican etc.), mais il s'agissait d'une description admirative. Le récit de la création voulait faire participer le lecteur à l'émerveillement de voir surgir autant de beautés, de diversités, et le séduire par le chatoiement des créatures. On sait que le néoplatonisme et le Thomisme ont eu une grande influence dans les milieux réformés du Sud-Ouest à partir de 1550. L'émerveillement devant le monde est une première clef pour la découverte de Dieu, source de toute beauté.   Plotin, traduit par Marcile Ficin, écrit: "il n'est pas permis qu'une belle image ne participe ni du Beau ni de l'Essence"[6], et St Thomas développe l'idée d'une participation des créatures à la beauté divine[7]. Mais lorsqu'au VIIe Jour, Du Bartas repasse en revue les animaux et leurs attitudes exemplaires, sa visée est plus sèchement didactique et morale. Les récurrences sémantiques sont volontairement contraignantes pour guider la lecture:

"Chose tu ne verras tant petite soit-elle
Qui n'*enseigne* aux plus lourds quelque *leçon* nouvelle" (v.447-48);
"cela t'*apprend...*" (v.453); "*...te montre que*" (v.483);
"*nous montre que...*" (v.491); "*...aprene sa leçon*" (v.498);
"ô terre les trésors de ta creuse poitrine
Ne sont point envers nous moins féconds en *doctrine*" (v.515);
"les *enseignements* des corps vivans *apris...*" (v.553)

---

[6] Plotin, *Ennéades*, I, 6, trad. Paul Mathias, Presses pocket, 1991, p.99.

[7] Voir notre étude "Le Sentiment religieux chez Du Bartas", *Du Bartas, 1590-1990*, études réunies par James Dauphiné, Editions Interuniversitaires, 1992, p.324 sq.

"Sus donc rois, sus vassaux, sus *courez à l'escole...*"
(v.555);
"Là, là vous *aprendrez...*" (v.557 et id. v.559);
"...de nostre corps les réglez mouvements
Donnent aux plus grossiers *cent beaux enseignements"*
(v.659-60); etc.

Les Pères de l'Eglise établissaient une opposition entre
"l'intelligence captive" des liens charnels et "l'intelligence
libérée" qui accédait à la Vision[8]; le texte poétique
semble indiquer un intermédiaire possible, l'intelligence
herméneutique, qui sans extase et sans vision parvient à
voir les jalons qui marquent la présence divine, non de
manière confuse et immanente, mais dans les ordres
précis et pratiques qu'elle adresse à l'homme. La simple
lecture est déjà une porte d'accès au spirituel, non cette
fois comme une délivrance fulgurante, mais comme un
travail permanent, alors même que l'âme reste prisonnière
du monde:

"[Dieu] veut que ce jourd'huy nostre âme séquestrée
Des négoces humains lise en la vouste astrée
Dans la mer, dans la terre, et dans l'air éventé
Son provoyant conseil, son pouvoir, sa bonté..." (v.435-438).

----

[8] Grégoire de Naziance parle ainsi de la vision de l'au-delà :"Un éclat
plus pur et plus parfait de la Trinité n'échappant plus à l'intelligence
captive et répandue à travers les impressions extérieures mais contem-
plée et possédée totalement par l'intelligence totale et rayonnant en nos
âmes par la totale lumière de la divinité" (Oratio VIII, 23), cit. in Justin
Mossay, *La Mort et l'au-delà dans Saint Grégoire de Naziance*,
Louvain, 1966, p. 116. Origène distinguait des sens charnels et des sens
divins en l'homme, mais les délices de l'autre vie, réservés à ces sens
divins, ne seront connus qu'après la dissociation de l'âme et du corps
dans la mort.

Le VIIe Jour invite à une position de retrait vis à vis de la création, et sa situation méta-textuelle contribue à l'exercice exégétique sollicité du lecteur. Ainsi, alors que Calvin refuse la possibilité d'une connaissance naturelle de Dieu par l'intermédiaire des créatures ou par la raison humaine, et que le pasteur Lambert Daneau reconnaît l'utilité de la raison et de la dialectique pour servir la foi[9], le poète dans son art découvre un autre chemin: au-delà des illusions de l'imaginaire, et en deçà de l'intelligence raisonnante, une sorte d'intelligence directe qui met en prise l'image et le sens sur le modèle de la lecture, équivalent humble et plus séduisant de l'exégèse théologique. La poésie, au terme d'une descente au coeur du fonctionnement du langage, retrouverait sa puissance originelle, dans ce qui reste en elle de plus dépouillé et essentiel, le regard qui comprend.

Du Bartas a certainement été inspiré par *La Cité de Dieu* de Saint Augustin, selon qui tout homme vit à la fois sur la cité terrestre et sur la cité de Dieu, et doit en lui-même sans cesse opérer le passage de l'une à l'autre. Les termes renvoyant directement aux "cités" abondent dans *La Sepmaine*. Le VIe Jour par exemple commence par cette apostrophe:

> "Pelerins qui passez par la cité du monde
> Pour gagner la cité qui bien heureuse abonde
> En plaisirs éternels...
> Venez avecques moy..." (v.1-9).

Le VIIe Jour oppose les deux types de regards:

---

[9] Voir Olivier Fatio, *Méthode et théologie: Lambert Daneau et les débuts de la scholastique réformée* , Genève, Droz, 1976.

"Ainsi tandis qu'au ciel ton esprit a commerce
Bien loin de luy s'enfuit toute fureur perverse
Et bien que citoyen du monde vicieux
Tu ne vis moins content que les Anges des cieux.
Mais si toujours tu tiens l'âme comme collée
Contre l'impur limon de la sombre vallée,
Où chétifs nous vivons, elle prendra sa part
De cest air pestilent qui de sa loge part" (v.467-474).

Lorsque le peintre, ou le poète gardent les yeux collés sur la création, c'est l'acte même du créateur, humain ou divin, qu'ils continuent à voir, de même que le lecteur est appelé à prendre conscience de son acte de lecture, et de son devoir exégétique. L'image de l'archer qui ferme un œil pour mieux viser la cible est emblématique de cette double vocation de l'homme, capable de Dieu sur terre (v.389-390). Il ne s'agit pas pour le poète de le détourner du monde, mais de lui apprendre à mieux le regarder, pour le lire enfin comme création divine. C'est encore ce que dit Saint Augustin: "Quoique le miracle de la création visible ait perdu de son prix par l'habitude où nous sommes de le voir, cependant l'esprit qui le considère d'un point du vue philosophique le trouve supérieur aux miracles les plus extraordinaires et les plus rares. Car bien des miracles s'accomplissent par l'homme, mais l'homme est un plus grand miracle"[10]. En effet, tout ce que l'homme accomplit de grand et de beau se fait par la création continuée en lui, de son créateur originel, et savoir le reconnaître serait déjà percevoir la présence de Dieu. Le retour à l'homme en tant qu'il est inscrit dans la création et soumis aux lois et ordonnances divines est aussi le mouvement du VIIe Jour de Du Bartas:

---

[10] Saint Augustin,*Cité de Dieu*, trad. J. Perret, Classiques Garnier, 1960, (tome II), Livre X, chap. 12, p. 421.

"Pour eux [les fidèles] d'un cours certain le Ciel sans cesse ronde
Les champs sont faits pour eux, pour eux est faite l'onde..."
(v. 243-244).

Tous les éléments du monde sont rassemblés pour faire à l'homme la "leçon", lui rappeler les lois à suivre pour être en accord avec le macrocosme — et Dieu —, jusqu'à son propre corps, exemple final d'ordre harmonieux et de paix:

"De moy je ne voy point en quel endroit le sage
Puisse trouver çà-bas un plus parfait image
D'un estat franc de bruit, de ligues, de discords
Que l'ordre harmonieux qui fait vivre nos corps" (v. 697-700).

Mais le premier devoir de l'homme reste celui de la lecture, qui lui révèle ces messages. Il ne s'agit plus d'une lecture vide, abstraite, qui substituerait à un signe un autre signe (simplement pour marquer la présence de Dieu), elle n'est pas l'équivalent de la vision des anges; elle ramène ce qui excède la capacité humaine au champ de la vie terrestre. Le vocabulaire et l'imaginaire mystique de la contemplation sabatique sont adaptés à la cité du monde. Prenons un seul exemple, amusant: l'alchimie divine par laquelle l'homme verra ses sens purifiés est ici transposé sur le plan moral et physiologique. L'homme transforme les épreuves en aliments pour sa constance, grâce à l'alchimie de la foi, moins subtilement comparée à l'opération de la digestion:

"L'homme que Dieu munit d'une brave asseurance
Semble au bon estomac, qui soudain ne s'offence
Pour l'excès plus leger, ains change promptement
Toute sorte de mets en parfaict aliment" (v. 355-358).

Ainsi, le VIIe Jour n'élève pas le lecteur à une lecture spirituelle du monde, mais le renvoie à lui-même, et aux principes qui conditionnent sa lecture. Car le contre-champ dans lequel le poète l'a installé n'est pas libre: il entre lui-même dans la création, et l'œil qui voit restreint le champ à sa mesure. Le contre-champ ou la lecture imposent une perspective déformante, désormais visible. Si l'homme ne peut regarder ni Dieu ni le miroir du monde *face à face*, il déchiffre un miroir oblique.

2. *Le miroir oblique*

La structure du VIIe Jour laisse apparaître ces déformations, en renvoyant ostensiblement aux autres jours avec le décalage d'un autre regard, celui d'un sujet lisant ou relisant. La première lecture suivait pas à pas la création en train de se former, comme pour en guetter à chaque instant l'origine et le dynamisme essentiel, et se rapprocher ainsi du Créateur. Au Ier Jour, le poète projetait de lire Dieu dans l'univers:

> "Ainsi donc esclairé par la foy je désire
> Les textes plus sacrés de ces Pancartes lire
> Et depuis son enfance en ses aages divers
> Pour mieux contempler Dieu contempler l'univers"
> (I, v. 175-178).

Au dernier Jour, ce n'est plus le livre de la Nature (éclairé par la Bible) qu'il laisse nourrir directement son imagination, pour accéder à une "participation" analogique, sa lecture se sait lecture et passe par des exégètes intermédiaires: le lecteur est prié de discourir en ses discours, le texte poétique est lui-même devenu instrument visible de la lecture. Le rôle du poète est d'ailleurs proche de celui du "ministre" à la messe:

> "[Dieu] veut que là-dedans le ministre fidèle
> De l'os des saincts escrits arrache la mouelle
> Et nous face toucher comme au doy les secrets
> Cachez sous le bandeau des oracles sacrez.
> Car bien que la leçon des deux plus sainctes pages
> Faite entre murs privez esmeuve nos courages,
> La doctrine qui part d'une diserte voix
> Sans doute a beaucoup plus d'efficace et de poids" (VII, v.
> 403-410)[11].

Le VIIe Jour relit donc les autres Jours, non pas en les incluant "en abyme" au sens strict[12], mais en faisant subir à ces reprises partielles des déformations internes de perspective. Tout d'abord, la comparaison avec le peintre donne à la contemplation divine, supérieure, une dimension esthétique plus directement perceptible. Ensuite, losque Dieu regarde sa création, le lecteur retrouve les étapes des jours précédents mais dans le désordre (v.55-98): la mer et les eaux (<IIIe J.); le ciel (<IIe J.); les habitants de la mer (<Ve J.); la lune (<IVe et IIIe J.); les champs (<IIIe J.); les quatre éléments (<IIe J.); les astres (<IVe J.); les quatre éléments encore (<IIe J.); la Terre

---

[11] Apprécions la différence avec le Ier Jour:
> "Dieu qui ne peut tomber es lourds sens des humains
> Se rend comme visible es œuvres de ses mains
> Fait toucher à nos doigts, flairer à nos narines,
> Gouster à nos palais ses vertus plus divines..." (v. 29-132).

Au VIIe Jour, seul Dieu peut jouir de cette contemplation sensuelle (v.55-94). Des médiations sont nécessaires pour les hommes, qui n'ont pas accès à ces sens spirituels, et qui passent par la lecture, répétant celle des exégètes (ministre, poète).

[12] Lucien Dällenbach, *Le Récit spéculaire*, Le Seuil, Paris, 1977. Les trois types de reduplications qu'il propose (reduplication simple; à l'infini; aporistique), ne tiennent pas compte de ce phénomène de déformation interne de perspective, dont il nous a semblé que le texte de Du Bartas donnait une illustration intéressante.

(<IIIe J.); les oiseaux (<Ve J.); l'homme (<VIe J.). En fait, Dieu voit ce que l'homme voit de la création, comme s'il était devant un panorama: la mer, le ciel, la terre, les animaux... Et les sens sollicités sont d'abord la vue, puis l'odorat et l'ouie, jusqu'à la jouissance synesthésique de l'homme, c'est à dire, avec un effet de miroir, à la manière même dont l'homme perçoit la nature, par des sensations mêlées devant une création qui fait un tout et dont on peut à peine retrouver l'origine puisqu'on y est plongé, — le Ier Jour ne peut plus être évoqué. La deuxième grande récapitulation de la création accuse davantage encore de distorsions (v.449-708). Le poète parcourt du regard le livre de la Nature pour en tirer les enseignements moraux, en partant du ciel et des astres errants (qui montrent que l'homme doit aussi suivre Dieu, le premier moteur) (v.449-456 < IIe J.); puis des astres proches, la lune et le soleil (v.457-462 <IVe J.); pour aboutir aux quatre éléments (v.463-492 <IIe J.); enfin il arrive au monde sublunaire, à la Nature, avec les végétaux (v.493-514) et les minéraux (v.515-550 <IIIe J., v.391 sq.); les animaux (v.551-652), les oiseaux (<VIe J.), les poissons (<Ve J.), les animaux terrestres (<VIe J.); et l'homme (V.653-708 <VIe J.). La recomposition du monde se fait selon le point de vue de l'homme: ciel vu d'en bas, et monde sublunaire, et surtout, selon les avertissements que le poète veut adresser à ses contemporains. Les animaux exaltent les liens sociaux, vassaliques, les liens familiaux, l'honneur du Prince, et du travail; le corps humain exalte la paix sociale, l'unité de l'Eglise, et celle de la société, pour plaider *in fine* contre la guerre civile. Il ne s'agit plus tellement de percer les secrets de la nature, de décrypter dans le cosmos la présence divine, mais de ramener devant soi la loi morale pour l'appliquer à la temporalité imminente. Comme si l'homme au VIIe

Jour, avait aussi vu ses limites dans le miroir infini de la création.

C'est peut-être la signification de la comparaison qui ouvre ce dernier jour: le peintre a fait une création à sa mesure, reconstituant un "eden" pastoral, littéraire, où le regard peut se promener sans se perdre. La fantaisie se manifeste à l'intérieur d'un univers clos, où les mots dessinent, à la place de la nomination efficace originelle, une poésie de la tautologie. On trouve ainsi "un fleuve coule", "ici s'eslève un mont, là s'abbaisse une plaine", "plus viste leur vistesse", ou bien des lieux communs où les épithètes de nature recréent un instant l'union d'une réalité depuis Babel morcelée, "un buis vert", "mousse verte", le flotant cours d'une eau", "un argenté ruisseau"... La pratique d'une écriture tautologique participe d'une poétique des miroirs éclatés, qui attendent en une focalisation unique de restituer *l'image* de l'essence insaisissable. L'artifice ne se cache pas, ni l'anthropomorphisme dont le texte affecte Dieu. Au travers de ces journées imaginées de la création le poète a montré la subjectivité de l'énonciateur, et au VIIe Jour il donne à percevoir sa place dans l'univers, et les bords de la fenêtre par laquelle il contemplait. En effet, seule la déformation de perspective projetée depuis l'espace en contre-champ pouvait rendre sa lisibilité aux anamorphoses spirituelles du monde. Nous pensons bien sûr au crâne, symbole de mort et de message supérieur, qu'Holbein a fait flotter comme un objet étrange dans le célèbre tableau "Les Ambassadeurs", comme pour manifester que les magnificences mondaines et la vérité nue ne cessaient d'habiter le même espace, et qu'un simple changement de perspective pouvait faire apparaître l'une ou l'autre vision. Ainsi l'archer qui ferme un œil pour mieux voir, dans un même espace, la cible ultime.

Accepter de ne pas pouvoir regarder le miroir face à face (c'est-à-dire aussi de ne pas s'y fondre), accepter toute la finitude et l'imperfection de la représentation subjective, est peut-être le moyen unique d'accéder à une "vision/lecture" de Dieu. La "ronde machine" ne peut pas à elle seule être "un miroir de la face divine", comme le poète l'avait fait espérer au premier Jour (v. 119-128), et l'art de l'hypotypose cède la place à celui de l'ecphrasis, là encore par un effet de miroirs décalés. Le poète insère son propre travail au centre de la comparaison du peintre avec Dieu:

> "Ainsi ce grand ouvrier dont la gloire fameuse
> J'esbauche du pinceau de ma grossière muse
> (...) se repose ce jour, s'admire en son ouvrage..." (VII, v.45-50).

La première analogie est interceptée par celle du poète, grâce à une articulation de dépendance "dont", et à l'image du pinceau de l'écriture. La contemplation divine se reflète au passage dans le miroir poétique. Probablement la "diserte voix" humaine offre davantage au lecteur la possibilité de lire le livre du monde, cette fois écrit en mots, et de parvenir à une vision positive de Dieu, d'un Dieu certes tourné vers l'homme. Là encore le Iᵉʳ et le VIIᵉ Jour se correspondent parfaitement. Le Iᵉʳ Jour évoque l'autarcie initiale de Dieu, dans une première contemplation de lui-même, qui exclut déjà la passivité:

> "Dieu, le Dieu souverain n'estoit sans exercice
> Sa gloire il admirait: sa Puissance, Justice,
> Providence et bonté estoyent à tous momens
> Le sacré-sainct object de ses hauts pensemens.
> Et si tu veux encor, de ceste grande Boule
> Peut-estre il contemploit l'Archétype et le moule" (I, v. 60-65).

Au VIIe Jour, l'homme contemple Dieu au miroir de sa pensée:

"*Je ne pense onc en Dieu sans en Dieu concevoir*
Justice, Soin, Conseil, Amour, Bonté, Pouvoir,
Veu que l'homme qui n'est de Dieu qu'un mort image
Sans ces dons n'est plus homme, ainçois beste sauvage"
(VII, v. 107-110).

De quelque manière que ce soit, l'homme est le point de réfraction, l'intermédiaire obligé, même pour saisir les relations que Dieu est censé entretenir avec sa Création, et cela de façon explicite:

"L'homme est sa volupté, l'homme est son sainct image,
Et pour l'amour de l'homme, il aime son ouvrage" (v. 97-98).

Ainsi, notre dernier Jour, au lieu de nous mener au cœur de la contemplation divine de la création, donne une image de Dieu soigneusement composée en fonction du point de vue humain. Après avoir repoussé deux images passives de Dieu, celles justement du "spectateur" (le léthargique d'Epicure et le roi inactif au spectacle), le poète trouve une définition rendue positive par la double négation:

"Dieu nostre Dieu n'est point un Dieu nu de puissance,
D'industrie, de soin, de bonté, de prudence <sagesse>"
(v.131-132).

Les vers suivants reprennent chacun l'un des termes (v. 133-138), puis le poète les développe en changeant l'ordre et en allongeant les perspectives. Il évoque les attributs qui concernent l'univers (puissance; industrie; sagesse, c'est-à-dire pouvoir de maintenir la création); et accorde

six fois plus de place pour ce qui concerne l'homme
(justice; soin ou souci; bonté), faisant tout converger vers
la question très actuelle de l'injustice apparente et des
épreuves auxquelles est soumis le peuple juste. Une fois
de plus, le texte joue sur un "ordre" respecté et transgres-
sé, et sur une réorganisation des points de vue. Le poète
trouve ici une justification de son travail d'amplification,
dans la mesure où il déforme les masses, les lignes,
jusqu'à faire apparaître une signification, ou jusqu'à
attirer le regard. Toutes les techniques d'appel, d'éveil,
sont utiles: l'intrusion brusque du présent du lecteur,
comme lorsque le discours est interrompu par le bruit des
guerres civiles ("Mais quel bruit oy-je icy?..." v. 249 sq.),
ou les anamorphoses et autres miroirs obliques, qui
déploient la divinité jusqu'aux hommes. Car si l'on
pouvait voir en soi-même on verrait Dieu, mais on ne
peut voir qu'à l'extérieur de soi, une image de Dieu (et de
soi) reflétée par le monde, lui-même reflété par le langage
poétique ("L'esprit est sans esprit s'il ne sait discourir" v.
329). Nous rencontrons dans le domaine de l'écriture
spirituelle le même avènement qui aura lieu dans le
domaine scientifique, avec la prise en considération de
l'impossibilité de trouver dans le monde le cercle parfait,
et la nécessité de tenir compte de sa déformation en
ellipse (Kepler)[13]. Cette notion qui met au premier plan
la subjectivité, la "manière" de voir correspond aussi
évidemment aux esthétiques maniéristes et baroques.

Or, le VIIᵉ Jour, celui du recul méta-textuel, permet
aussi de mettre à jour l'œuvre que Dieu continue à

---

[13] Voir Fernand Hallyn, "Métamorphose de l'ellipse", *Manierismo e
letteratura* a cura di D. Dalla Valle, Albert Meynier, Torino, 1986. F.
Hallyn montre dans cette remarquable étude que les notions géométriques sont en correspondance directe avec les préoccupations spirituelles
et l'évolution des mentalités.

accomplir en l'homme, précisément dans ce travail d'interprétation. Car l'acte même de lecture est soumis aux contraintes de ces jeux de miroirs, où l'homme prend la mesure de son appartenance à la création divine, et de la "divine flamme" qui l'habite encore. Le but de ce Sabat est que "Nous laissions travailler l'Eternel dans nos cœurs" (v. 386). Du Bartas utilise l'image du quartz qui renvoie la lumière reçue du soleil:

> "Ainsi, ou peu s'en faut, l'homme ayant dans son âme
> Receu quelque rayon de la divine flamme
> Le doit faire briller aux yeux de son prochain" (v. 539-541).

La nécessité d'une descente en soi-même pour retrouver l'image divine vient des platoniciens et parcourt la littérature patristique. A la Renaissance, Nicolas de Cuse, explique peut-être le plus clairement la "réduction" qui en résulte: "l'homme ne peut juger qu'humainement. Quand en effet l'homme t'a attribué une face [dit-il à Dieu], il ne l'a pas cherchée au-delà de l'espèce humaine, puisque son jugement est réduit à l'intérieur de la nature humaine. Et dans son jugement, l'homme n'échappe pas à cette réduction qui l'affecte. De même, si un lion t'attribuait une face, il jugerait qu'elle ne peut être que celle d'un lion, et pour un bœuf, ce serait celle d'un bœuf, pour un aigle, celle d'un aigle"[14]. Ainsi, chaque créature est un reflet possible du visage de Dieu, mais l'homme comprend aussi que l'accès qu'il peut y avoir ne saurait

---

[14] Nicolas de Cuse, *Le Tableau de la vision de Dieu*, chap. 6, cité in Plotin, *Du Beau,* Presses Pocket 1991, p. 147. Du Bartas aurait lu Nicolas de Cuse, édité par Lefèvre d'Etaples en 1514: voir Pierre Deghilage, "La Religion de Du Bartas", *Bulletin de la Société archéologique et historique du Gers* , 1955, p. 361 sq.

échapper à son propre déterminisme. Mieux, cette "déformation"-là est la preuve de la validité du *lien* qu'il entretient avec Dieu puisque, le face à face étant exclu en ce monde, la contiguïté en est la seule modalité.

En effet, l'idéal du miroir parfait reste un idéal de théologien[15] ou de métaphysicien[16]. Saint Augustin à la fin des *Confessions*, dans un passage très éclairant pour notre VIIe Jour, évoque la Genèse en donnant une explication allégorique. Le récit de la création peut s'appliquer à l'histoire spirituelle de l'homme, qui voit ainsi du Chaos des péchés apparaître l'ordre et la lumière des mystères divins: "Après quoi, tu as, pour initier les nations infidèles, produit, en utilisant la matière des corps, des sacrements, des merveilles visibles, des paroles d'appel conformes à la voûte de ton Livre, sources également de bénédiction pour les fidèles". Enfin, Dieu a donné à l'homme l'intelligence comme image de Lui-même; c'est pourquoi l'homme parvient à voir l'œuvre divine par l'esprit de Dieu: "Toutes ces choses, nous les voyons et elles sont très bien, car c'est toi en nous, qui les vois, qui nous as, pour que nous les voyons et que nous t'aimions en elles, donné l'Esprit"[17]. Le thème de l'orateur inté-

---

[15] Maître Eckhart: "L'œil dans lequel je vois Dieu est le même œil dans lequel Dieu me voit. Mon œil et l'œil de Dieu sont une seule et même vision, une seule et même connaissance, un seul et même amour", Sermon N° 12, *Traités et Sermons*, trad. A. de Libera, GF-Flammarion, 1993, p. 299.

[16] Kepler dira à propos du cercle et de l'ellipse en astronomie:"Ma première erreur fut d'avoir admis que le parcours de la planète est un cercle parfait; elle fut d'autant plus pernicieuse qu'elle était soutenue par l'autorité de tous les philosophes et paraissait convenir sous l'angle métaphysique", cité p.159 in F. Hallyn, étude citée.

[17] *Confessions*, Livre XIII, éd. du Seuil, 1982, p. 403.

rieur[18] qui sert de relais en chacun de nous pour mieux comprendre et intégrer les messages divins, est une autre preuve du lien direct, en miroir, que nous entretenons avec Dieu. Chez les théologiens, cette notion reste définie *a priori*, au niveau métaphysique, et le reflet intérieur semble ne pouvoir être que parfait, ou confus et illisible, comme le dit Saint Paul (qui a inspiré la pensée réformée): "Aujourd'hui certes nous voyons dans un miroir, de manière confuse, mais alors, ce sera face à face. Aujourd'hui je connais d'une manière imparfaite, mais alors, je connaîtrai comme je suis connu" (1ère Epître aux Corinthiens, 13, 12). L'opposition entre la vie terrestre et l'au-delà invalide le miroir du monde; seul pourrait rester le miroir intérieur, réservé aux mystiques.

Il appartenait au poète de travailler dans la voie oblique, en donnant un ordre personnel, une pespective à cette imperfection, et en montrant par une analogie qui le justifiait, que le Livre du monde n'est pas un livre de doctrine mais de poésie, où les signes non plus ne renvoient pas directement à une signification mais sont agencés en tropes gigantesques devant nos yeux. L'art de déchiffrer ce Livre est d'abord celui de reconnaître chaque élément de la création comme une métonymie. Nous sommes loin d'une conception allégorique traditionnelle du monde, ou d'une perception théologique: il s'agit bien d'une découverte de poète dans la réflexion même qu'il porte sur l'écriture. Car les Paraboles évangéliques par exemple, qui ont pu servir de modèle à la parole poétique, supposent une liberté totale d'invention, où la fiction est un espace détaché, une référence maniable, au service d'un sens. Le poète maniériste sait que la fiction n'est pas libre, que sa fantaisie elle-même est un monde dans le

---

[18] *Ibid.*, Livre XI, p. 306 sq.

monde: à plus forte raison, le poète de la Création ne peut s'extraire de la contiguïté. Son langage a pour origine la parole biblique; l'imaginaire qu'il provoque s'enracine dans l'expérience concrète, — quotidienne ou "scientifique" —, et surtout, les voies de sa création du sens sont conditionnées par l'esprit (divin) qui le meut profondément. Jamais le poète ne peut être simple spectateur, comme Dieu ne pouvait l'être non plus dans sa contemplation, aussi ne cherche-t-il plus au VIIe Jour l'illusion mimétique. Il se montre comme tel, artiste, imposant ses perspectives et ses amplifications, multipliant les analogies, les détours, les tropismes qui peut-être rétabliront les anamorphoses illisibles de la première vision.

Au VIe Jour, Du Bartas utilise explicitement l'image du miroir pour signifier que l'esprit, comme Dieu, ne peut être vu que dans ses effets extérieurs, ses manifestations qui renvoient obliquement à son origine sacrée:

"Je sçay que comme l'œil void tout fors que soi-même
Que nostre âme conoit toutes choses de mesme,
Fors que sa propre essence...
Mais comme l'œil...

Se void aucunement dans l'onde ou dans le verre,
Nostre ame tout ainsi se contemple à peu-près
Dans le luisant miroir de ses effects sacrez" (v. 735-742).

Il prend appui sur la vision traditionnelle dans le miroir pour lui substituer une contemplation "à peu près", de biais, celle que le lecteur découvre dans un texte travaillé, qui met au jour son "point de vue", sans illusion d'adéquation ni miroitants reflets. Car le monde déformé laisse deviner le point de fuite au-delà du tableau, ainsi que la position du lecteur impliqué:

"Sied-toy donq, ô lecteur, sied-toi donc près de moy,

> Discour en mes discours, voy tout ce que je voy,
> Oy ce docteur muet, estudie en ce livre,
> Qui nuict et jour ouvert t'aprendra de bien vivre.
> Car depuis les clous d'or du viste firmament
> Jusqu'au centre profond du plus bas élément,
> Chose tu ne verras, tant petite soit-elle
> Qui n'enseigne aux plus lourds quelque leçon nouvelle"
> (VII, v. 441-448).

L'homme, non plus que Dieu, n'est spectateur: il est le lecteur du livre du monde comme de celui qu'il a sous les yeux, traduction *lisible* d'une plus haute poésie.

*

Le VIIe Jour pourrait contituer une sorte d'art poétique rétroactif, qui porte sur le récit de la création qui vient d'être déroulé, un regard réflexif, invitant à une autre lecture. Il écarte la tentation d'une écriture transparente, d'une poésie mimétique, et impose la présence constamment penchée du sujet qui lit (ou qui écrit) et qui déforme, comme si l'homme parvenait enfin à la révélation de lui-même, dans la finitude de ses moyens de connaissance et de son champ de vision. Le recul méta-textuel, on l'a vu, ne se déprend pas de la contiguïté universelle, il permet d'apprécier la redistribution des perspectives, le choix humain qu'elles supposent, et l'amplification poétique ainsi justifiée. La vision, mystique ou artistique, est remplacée par la conscience d'une lecture pas à pas, d'un cheminement intérieur dans l'univers où l'homme est

invité, comme dans un palais[19], à comprendre l'archétype divin qui le précède et le poursuit. L'esthétique
maniériste trouve ici une étrange caution spirituelle,
puisque l'art du détour, des changements de points de
vue, des allongements de lignes, des ellipses qui transfor-
ment le cercle, est une nécessité pour accéder à l'Etre,
dont on guette un reflet dans le miroir fuyant, qui ne peut
plus trahir.

                                                      Josiane RIEU

---

[19] VIe Jour, v. 409-426: Dieu fit le monde comme un architecte un
palais, parce qu'il savait que l'homme serait capable d'"Admirer comme
il faut l'admirable artifice/ De celui qui parfit un si bel edifice". Cette
admiration ne prend cependant pas la forme d'une vision, mais d'une
promenade du regard et des sens pour celui qui est à l'intérieur du
palais. Même la contemplation esthétique du peintre au VIIe Jour est une
promenade, comme si la conscience de la mobilité subjective du point
de vue était décidément trop forte.

Plan du VIIe Jour

I. CONTEMPLATION

Contemplation divine

v. 1-44:	Le peintre contemple son tableau (comparaison)
v. 45-98:	Dieu contemple son œuvre:
v. 45-54:	bonheur de la contemplation
v. 55-98:	écapitulation de la création

Contemplation ou perception de Dieu

v.99-130:	Description négative de Dieu
v.131-358:	Description positive:
v.131-132:	annonce des 5 attributs (puissance, industrie, soin, bonté, prudence/sagesse)
v.133-138:	1e reprise des termes
v.139-358:	2e reprise amplifiée:
v.139-166:	attributs qui concernent l'univers (puissance, industrie, sagesse)
v.167-358:	attributs qui concernent l'homme (justice/toute puissance; soin/souci; bonté)

II. SABAT ET ENSEIGNEMENT

Le Sabat

v.359-60:	Sagesse de Dieu qui travaille encore au régime du monde
v.361-62:	récapitulation de la création en 6 jours
v.363-382:	Eloge du rythme travail/repos

DU BARTAS ET
L'EXPÉRIENCE DE LA BEAUTÉ

Les poètes du XVIème siècle n'ont pas su formaliser, en règle générale, leur expérience de la beauté. N'est ni Peletier (*Art poétique*, 1555) ni Ronsard (*Abrégé de l'Art poétique français*, 1565) qui veut. Pourtant Du Bartas, dans *La Sepmaine*, s'interroge sur la beauté de ses vers et plus largement sur celle de son poème dont il attend qu'elles puissent contribuer à la traduction de la splendeur du cosmos. Cette interrogation sur la manière de parvenir à la réussite artistique, également présente dans l'*Advertissement de Du Bartas sur sa Première et Seconde Sepmaine* (1584), rattache la réflexion du "docte Gascon" aux options, recommandations et idéaux de la Pléiade. Il s'agit là d'une originalité du poète de *La Sepmaine* car rares furent les poètes scientifiques, des années 1580-1600, sérieusement préoccupés par la qualité esthétique de leurs écrits[1]. Du Bartas avait donc parfaitement compris que le surgissement d'un texte vaut à la fois par ce qu'il contient, ce qu'il expose et par sa facture. Ce n'est ni l'argument ni la démonstration de *La Sepmaine* qui méritent uniquement l'examen, puisque, conscient de la "grandeur"

---

[1] On tirera profit de M. Raymond: *L'Influence de Ronsard (...)*, 1927, Genève, Droz, 1965, II, XXVI et d'A.-M. Schmidt: *La Poésie scientifique en France au seizième siècle*, Paris, A. Michel, 1938. On trouvera également quelques éléments utiles dans la thèse de J. Lecointe: *L'Idéal et la différence. La perception de la personnalité littéraire à la Renaissance*, Genève, Droz, 1993.

de son sujet, le poète prend le parti esthétique de rechercher "une diction magnifique"[2] propre à en restituer la noblesse. Aussi la mention de l'édition J. Chouet de 1581, «reveue, augmentee et *embellie* en divers passages par l'Auteur mesme», confirme-t-elle l'attention qu'il accorde à son ouvrage. D'une certaine manière, *La Sepmaine* est un texte en train de s'écrire ayant une double vocation: la première, conventionnelle, attachée à toute littérature hexamérale (homélie, sermon), conduit à la glorification de Dieu, la seconde, plus inattendue, débouche sur une expérience de la beauté. Invité au spectacle du «grand et complexe atelier de la création divine»[3] Du Bartas est amené à s'interroger sur l'aptitude qu'aurait l'entreprise littéraire à restituer «le récit des merveilles»[4] engendrées ou accomplies par l'«Admirable Ouvrier» (I, 179).

*

On le constate dans la nature, du ciron aux étoiles, tout est beau ou susceptible de le devenir, à l'image de l'ourson dont Du Bartas rappelle que, léché soigneusement par sa mère, il passe de l'état difforme («un monceau si laid») à celui d'«animal parfait»[5]. Ce qui vaut pour l'ourson vaut pour le monde qui, de l'état de chaos ou «tout estoit sans beauté, sans reglement, sans flamme» (I, 243), devient un «si beau monde» (I, 304).

Et de fait tous les développements de *La Sepmaine* illustrent, avec quelques variations, la règle de l'ourson et

---

[2] *La Sepmaine (1581)*, Paris, STFM, 1992, p. 350.

[3] Basile de Césarée: *Homélies sur l'Hexaemeron*, Paris, Le Cerf, 1949, p. 247, IV, 33 D.

[4] Basile de Césarée: *op. cit.*, p. 427, VII, 69 D.

[5] *La Sepmaine*, éd. citée, I, 411-414.

son universelle application. Du Bartas a eu le souci d'employer avec une relative insistance au cours de chaque Jour les termes *beau* et *beauté* afin de signifier combien l'«ingenieux escrivain» mariant «le plaisir au profit»[6] est animé du désir d'écrire avec grâce. Autre indice, la comparaison omniprésente de l'univers à une «Ronde Maison» (VI, 170), un «palais» (II, 1062; III, 440) ou un «bel édifice» (VI, 426), comparaison favorisant la traduction visuelle, *architecturale*, et très concrète du concept même de cosmos[7]. Un tel leitmotiv lui permet de dégager les fondements de la beauté en une formulation fondée sur les catégories de la rhétorique (la "disposition") et les principes esthétiques d'inspiration thomiste (*claritas, integritas, proportio*):

«... Les autres en blasment la disposition, et leur semble qu'il y a des membres prodigieux. Mais dites moy où avés vous apris de juger de tout un Palais par son seul frontispice? [...] Toutesfois vous osez asseurer qu'il n'y a nulle symmetrie, nulle correspondance, nulle proportion és quartiers de ce logis. Qui vous eust montré la teste du grand Colosse de Rhodes separee du corps, n'eussiez vous pas dit qu'elle estoit espouventable, monstrueuse e desmesuree? Mais qui vous eust fait voir ceste merveille du monde debout et toute entiere, vous eussiez [...] confessé

---

[6] *La Sepmaine*, éd. citée, p. 347.

[7] Comparaison très conventionnelle, déjà présente chez les philosophes antiques ou médiévaux, et qui fut reprise fréquemment au XVIème siècle par les écrivains, les artistes ou les mythographes. Voir l'index de *La Sepmaine* préparé par M.-L. Demonet, à paraître dans *La Bibliothèque de Du Bartas* (J. Dauphiné et M.-L. Demonet), Paris, Champion, janvier 1994.

que Chares avoit exactement observé une juste dimension en tous les membres d'une si grande masse.»[8]

La Sepmaine, comme le Colosse de Rhodes, et à l'exemple de l'ourson, a besoin d'être léchée, c'est-à-dire limée, polie, achevée.

Monde et poème ne sont pas réductibles à de simples palais métaphoriques, à d'illusoires architectures. A la suite de tous ceux qui ont identifié, classé et chanté les *mirabilia*, de tous ceux qui, de Vincent de Beauvais à Georges de Venise ou Bovelles, ont décrit avec minutie les analogies microcosme-macrocosme[9], Du Bartas, à l'ouverture de chaque Jour, informe le lecteur de la teneur de son argument et du pari esthétique qui en découle. Même s'il convient de faire la part de la tradition littérai-re, il est significatif de relever son désir d'opérer une

---

[8] *La Sepmaine*, éd. citée, p. 345. A rapprocher de Basile de Césarée, *op. cit.*, p. 139, II, 12 A — 12 B et se reporter à Gabriel de Lerm: *Guillelmi Sallustii Bartassii Hebdomas*, Paris, M. Gadouleau, 1583, p. a 5 verso: «Et quand bien l'invention ne seroit toute à luy, et qu'il auroit eu quelque autre pour patron, ce qu'il n'a pas eu, l'ordre et l'embellisse-ment maintiendroient l'ouvrage si en privativement à tous autres, ainsi que de mesme moillon, mesme bois batissant ores à la Dorique, ores à la Toscane on faict un tout nouvel edifice. De maintes pierres qui estoient çà et là esparses et de celles qu'il a tiré luy, mesme de la quarriere, Saluste a basty cest immortel edifice qui dépitant l'envie du temps sera egal a la duree du monde dont il represente l'effigie». Le lien entre la rhétorique et l'architecture s'est par ailleurs imposé à la Renaissance européenne, suivant en cela l'enseignement des théoriciens italiens comme Alberti, Serlio ou Camillo (voir l'étude de L. Carpo: *Metodo ed ordini nella teoria architettonica dei primi moderni (...)*, Genève, Droz, 1993).

[9] Revenir, par exemple, à C. de Bovelles: *Le Livre du sage*, Paris, Vrin, 1982. Consulter l'étude de L. Barkan: *Nature's Work of Art. The Human Body as Image of the World*, New Haven, Yale Univ. Press, 1975, p. 8-174.

liaison entre la matière à décrire et la manière d'y parvenir au point que *la manière* (l'*Advertissement* de 1584
l'expose) importe tout autant que l'argument à développer. Capital alors le passage du Jour I, 215-218, parce que
s'y trouvent proclamés la prééminence et l'efficace du
verbe divin originel, ce «je ne sçay quel *beau* mot,»
source féconde de l'univers. De même que de la parole
céleste découle la profusion des natures créées, de même
de la parole humaine, celle du poète, naît et croît le livre
susceptible d'accueillir, en l'ordonnant, tout ce qui est. Ici
métaux et pierres précieuses, là plantes ou animaux, plus
loin cet «humain bastiment» si «fecond en discours» (VI,
404); bref c'est toute la création qui est convoquée dans
les vers de *La Sepmaine* véritable «livre du monde»[10]
reprenant en les systématisant exemples, principes et
leçons, tirés de la tradition hexamérale, de saint Basile à
saint Thomas d'Aquin, de saint Ambroise à Pisidès.

Parmi les «lieux communs théologiques» que Du Bartas
emploie, on ne cesse de rencontrer, avec des variantes
bien connues, l'affirmation que Dieu est l'«Architecte
divin, Ouvrier plus qu'admirable», (VI, 477) assurant
fonctionnement, maintien et beauté du cosmos[11]. Face
aux merveilles qu'il contemple, l'homme, «lieutenant en
ce terrestre empire» (VI, 466) et particulièrement le poète
se voit chargé de décrire la beauté éblouissante et majes-
tueuse des premiers matins du monde. Dans *La Sepmaine*,
on observe comme dans les grandes fresques cosmologiques — de *La Divine Comédie* aux *Cinq Grandes Odes*

---

[10] Voir E.R. Curtius: *La Littérature européenne et le Moyen Age latin*,
Paris, PUF, 1956, p. 390 et suivantes.

[11] Lire dans cet ouvrage la contribution de M.-M. Fragonard. On tirera
profit parmi une infinité d'autres sources de G. Pisidès: *Poema de
Opificio Mundi* (exemplaire de la Bibl. Mazarine: 218^B) p. 30 «Dei cum
Architecto comparatio».

de Claudel — d'une part, le retour imposé au «récit des origines»[12] et d'autre part, l'expérience de la beauté synonyme d'une interrogation portée conjointement sur le langage et le style appropriés à la noblesse du sujet.

*

Du Bartas, à l'instar de tout «poète théologien», désireux de peindre les mystères célestes, éprouve la crainte bien compréhensible que «les mots à tous coups [ne] tarissent dans [sa] bouche» (I, 96). Ce risque, certes lié au *topos* du poète affronté à une entreprise impossible[13], constitue le point de départ de son questionnement esthétique. «[Trouver] Dieu par tout» (III, 677) assure à la fois le fondement de la «théologie naturelle» et la légitimité d'une tentative de prise de possession verbale du monde: Dieu qui pourvoit tout n'est que don alors que le poète, lui, «ne [fait] que prendre» (III, 678).

Au cours des Jours, Du Bartas a fait état, et ce plusieurs fois, de son vœu d'harmoniser style et sujet de son poème. «Picqué d'un *beau* souci» son vers «divinement humain se guinde entre deux airs:» (I, 113-114) pour mieux éviter les écueils, codifiés par la rhétorique, du style élevé et du style bas (I, 115-118). Ce style "moyen" confère à l'ensemble de *La Sepmaine* sa tonalité générale. Mais, on le remarque aisément, en dépit de ce choix, maintes ruptures tonales apparaissent. Le poète lui-même en signale quelques-unes; c'est ainsi qu'il souhaite d'un «vers disert» chanter «la nature / Du liquide ocean» et

---

[12] Saint Augustin: *De la Genèse au sens littéral*, VIII, VII, 13.

[13] Lire les célèbres affirmations de Dante "scripteur" de *La Divine Comédie, Enfer*, XXXII, 1-6; XXXIV, 22-24... J. Dauphiné: *Le Cosmos de Dante*, Paris, Les Belles Lettres, 1984, p. 96 et suivantes.

«d'un style fleuri»[14] décrire «la Terre dure» et ses «fleurs» (III, 17-19). En procédant de la sorte, à la différence de Dante, Peletier ou Ronsard, il limite la portée de ses démonstrantions car la beauté ne saurait être le résultat d'une simple analogie entre style et sujet. C'est à cause de cette technique que nombreuses sont les séquences, pourtant organisées en fonction de la totalité de *La Sepmaine*, aptes à charmer ou à déconcerter. La présence abondante d'histoires et fables mythologiques (Arion: V, 435-528; l'Aigle et la Vierge: V, 913-1015; Androclès: VI, 309-400), au même titre que l'apparition au Jour IV «qui n'a ni fond ni rive» (IV, 579) de digressions, indique un texte en liberté, un texte où sont accueillies mille associations d'idées. Et Du Bartas, au jour III cette fois, de détailler les merveilles de la Gascogne (III, 297...), d'entonner «le los» (III, 985) de son irremplaçable Bartas[15].

On note dans les catalogues et revues proposés un jeu de la rupture programmée ou feinte, en témoigne, parmi d'autres preuves, l'intrusion du «camus nageur», le dauphin[16] qui «plein de despit, arrive», réclame sa place,

---

[14] Du Bartas tire implicitement profit, par rapprochement et jeu verbal, du style *floride*. Voir J. Peletier: *Art poétique*, II, 8, in *Traités de poétique et de rhétorique de la Renaissance*, Paris, Poche, 1990, p. 314.

[15] Se reporter à M. Prieur: "Du Bartas, la Gascogne et la part de bonheur", in *Du Bartas 1590-1990*, Mont-de-Marsan, Editions interUniversitaires, 1992, p. 101-114.

[16] Le développement proposé par Du Bartas est classique. Consulter par exemple B. Latini (*Li Livres dou Tresor*, I, V, CXXXV) ou A. de Torquemada: *Histoires en formes de dialogues (...) le tout reduit en six journées*, trad. G. Chappuys, Rouen, J. Royer, 1625, p. 516-517. Quant à Goulart (*Commentaires... sur La Semaine*, Paris, Abel l'Angelier, 1584, p. 250 recto) il observe que «ce compte d'Arion, inventé ce semble par ceux qui avoient ouy parler de l'histoire du Prophete Jonas (comme plusieurs histoires de la Bible ont esté ainsi eschangées entre les

sa vie de texte, supposant à tort que le poète a oublié de célébrer «[son] los» (V, 424-426). C'est l'ensemble de la création qui, à l'instar du dauphin, revendique son droit à être présent dans le livre; pierres, animaux, plantes, homme, cieux... suivent la règle du dauphin «Aime-naux, aime-humains, aime-vers, ayme-lyre» (V, 431). Dans cet esprit, il est nécessaire de revenir au fameux passage du Jour VII où Dieu «[s'admirant] en son ouvrage» (VII, 50) affiche et affirme, lui aussi, son droit à l'existence. Tel un homme, ou un dauphin, il découvre (VII, 55 à 90) spectacles, odeurs et sonorités qui le tiennent «tous les sens arrestez» (VII, 96). Etrange formulation théologiquement très éloignée de l'orthodoxie mais qui évoque le comportement de Dieu lors du VIIème Jour, comportement qui, au fil des générations, a fasciné les théologiens ainsi que l'attestent notamment saint Augustin (*De la Genèse au sens littéral*, IV, 9-15) et saint Thomas d'Aquin (*Somme Théologique*, 1ª q.73 art. 2). L'effet produit par ce type de discours (VII, 55-98) — on pense irrésistiblement à la page de Giono commentant, dans son *Voyage en Italie*, les fresques de la Chapelle des Scrovegni peintes par Giotto — n'est pas aussi dénué de beauté que tout un pan de la critique[17] s'est plu à le prétendre. Domine malgré tout dans ces vers l'affirmation réitérée de

---

Payens) et amplement descrit par nostre poete qui a suivy ce qu'en dit *Plutarque* à la fin du banquet des sept sages *Pline* au 9. livre chapitre 8 ayant proposé quelques exemples de l'amour des Dauphins envers les hommes».

[17] Sainte-Beuve (*Tableau historique et critique de la poésie française* (...), Paris, Charpentier, 1848, p. 394-396) rappelle que Gœthe «n'avait pas si mal choisi» en citant VII, 1-44, puis souligne le décalage entre l'Eternel et le style qui sert à le "rapetisser" dans la suite du discours (VII, 63-64; 81-82; 85-86; 91-93), avant de poursuivre en reprenant le jugement de Du Perron.

l'exceptionnelle séduction des beautés de l'univers, traduite sur le mode d'un imaginaire naïf et enfantin puisque Dieu contemple avec joie et plaisir son "jouet", le monde. Du Bartas qui a perçu l'audace joyeuse et désacralisante de ce développement se livre ensuite à un exercice de récupération théologique fondé alors sur une argumentation codifiée, attendue et même orthodoxe (VII, 99 et suivants).

Assez régulièrement *La Sepmaine* donne à voir dénivellations, décalages, dérapages et bricolages entre ce qui serait souhaitable et la solution retenue. C'est, en partie, à cause de ce singulier travail que ce poème renfermant d'innombrables souvenirs et réminiscences possède néanmoins une touche personnelle, une réelle fraîcheur, un parfum bien à lui. Au long des VII Jours, se déploie le livre-miroir du monde, se compose peu à peu, par couches et pages successives, le livre-bibliothèque d'un inventaire de la nature, et se diffusent, pour notre plus vif plaisir, tonalités, parfums et naïvetés parfois mièvres cependant d'un livre-réceptacle de toutes les beautés.

*

Si les dénombrements contenus dans *La Sepmaine*, à la différence des tables et listes du *Livre du sage* de Bovelles[18], laissent filtrer une systématisation digne de préfigurer les litanies de Prévert, ils demeurent avant tout l'indice de cette bibliothèque unique qu'est l'univers. *La Sepmaine*, comme l'Arche de Noé, d'ailleurs comparée à

---

[18] C. de Bovelles: *Le Livre du sage*, éd. citée, p. 75, 153, 207-211. Voir également les tables de correspondances placées à l'ouverture du *Zodiac poetique (...)* d'A. de Rivière, Paris, J. Libert, 1619 (Arsenal 8° BL 10.897).

une bibliothèque par Origène (*Homélies sur la Genè-se*)[19], couvre le dessein de tout rassembler afin d'extraire de la multiplicité du créé le pouvoir de l'Un. Une telle perspective n'exclut en rien l'expérience de la beauté, mieux la fait naître, la provoque. Du Bartas, en effet, inscrit la «théologie naturelle» qu'il expose, par le biais d'une structure synonyme d'ordre et de clarté, au sein d'une célébration de cette *harmonia mundi* engendrée par Dieu, pleine de sens, et séduisante aussi parce que belle.

Est donc ressenti comme beau ce qui intellectuellement s'agence logiquement lors du déploiement des VII Jours; ce qui unit beauté et sens est donc à cultiver étant entendu que les «discours plus beaux que profitables» (IV, 90) des Stoïciens sont détestables. Le soin apporté à la composition de *La Sepmaine*, indiqué dans l'*Advertissement* de 1584, se vérifie dans tous les chants de ce poème puisque, généralement à l'ouverture de chacun d'eux, Du Bartas récapitule ou précise la démarche qu'il entend suivre. C'est un phénomène identique que l'on rencontre lorsqu'il annonce une digression ou mentionne qu'il se refuse à lui prêter vie. De là provient cette impression que les "Discours" sont parfaitement balisés, que la présentation de leur contenu est clairement déterminée, bref que le poète a programmé la teneur de ses démonstrations. Le lecteur est ainsi confronté à une totalité impossible qui est cette nomination adamique toujours plus vaste, débordante, flamboyante, infinie autant qu'indéfinie mais limitée par l'œuvre littéraire. La forme unitaire et unifiante de *La Sepmaine* est prégnante parce que chaque créature mentionnée comme chaque détail relevé renvoie à la totalité du texte. On est donc contraint d'admettre la division et

---

[19] Origène: *Homélies sur la Genèse*, Paris, Le Cerf, 1985 (1976), "L'Arche de Noé", II, 6, p. 111.

la multiplicité comme mesure et garantie d'un univers compris en liaison avec son origine divine. Il est vain de vouloir «de Dieu sans Dieu dechifrer tout l'ouvrage» (II, 742): par définition, tout procède de Lui. Du Bartas se souvenant d'un verset célèbre du *Livre de la Sagesse* (XI, 21: «*omnia in mensura et numero et pondere disposuisti*») rappelle, fort à propos, que Dieu «tous ses œuvres a fait par poids, nombre et mesure» (II, 298).

Peu importe alors, puisque le cadre formel de la *Genèse* l'emporte toujours, que le poète se laisse entraîner par le charme des eaux «incroyables merveilles» (III, 221) ravissant «nos esprits, nos yeux, et nos oreilles» (III, 222) ou qu'il se plaise à détailler les «merveilles» (III, 794) de l'aimant. Il en résulte ici ou là un étonnant bric-à-brac (louange des plantes, des poissons, des oiseaux...) rapporté à l'Ouvrier suprême qui quotidiennement «nous fait voir / Plus d'effects merveilleux de son divin pouvoir,» (V, 849-850).

La difficulté reste, comme dans *La Divine Comédie*, de hausser la parole humaine au seuil du verbe divin, de retourner par l'élévation poétique vers les champs constellés de l'indicible; mais, là encore, Du Bartas peut dérouter car la formulation qu'il propose de ce cheminement (I, 76-84; I, 171-173) a de quoi surprendre. Il n'est pas sûr qu'il soit parvenu à atteindre cette «diction magnifique» propre à célébrer le Très-Haut. Exemplaire de ce style en échec, la séquence concernant le phénix où après un développement consacré au «Phoenix terrestre» (V, 551-596) deux vers en résument l'interprétation spirituelle (V, 597-598). Ce déséquilibre est un symptôme: Du Bartas qui n'a pas su rénover la convention attachée au phénix, l'a amputée quasiment de sa signification religieuse. La séquence du phénix, au lieu d'être triomphe du sacré[20], tourne à sa confusion à cause de l'impossibilité barta-sienne d'en magnifier en vers cristallins la vivifiante symbolique chrétienne.

Il n'y a chez Du Bartas aucun désir d'anéantissement dans le logos, aucune dynamique ascensionnelle le conduisant, comme Dante, à la contemplation des mystè-res de la Sainte Trinité. Cependant, il lui importe, d'une part, d'expliquer le récit biblique des origines en répon-dant, comme saint Augustin ou saint Thomas d'Aquin, aux questions qu'il soulevait inévitablement dans l'esprit des lecteurs cultivés; d'autre part, le récit de la *Genèse* lui paraît favoriser l'organisation des riches données de la veine encyclopédique. Si le poète gascon s'est plu à exposer, à la suite des encyclopédistes médiévaux (que l'on revienne au *Speculum naturale* (liber IV) de Vincent de Beauvais où maintes colonnes répertorient métaux et plantes), l'*opus ornatus*[21] de la création, il manifeste une triple curiosité au regard de l'évolution des théories

---

[20] Partir de la tradition née de Lactance ("De ave Phoenice"), très vivante au XVIème siècle, en témoigne notamment G. Le Fèvre de la Boderie: "Le Phenix prins du latin de Lactance", dans *La Galliade*, Paris, G. Chaudière, 1582, p. 126 verso-131 verso. On constate cependant que B. Latini (*Li Livres dou Tresor*, I, V, CLXIV), A. de Torquemada (*op. cit.*, p. 157-158) et G. Pisidès (*op. cit.*, p. 24) n'ont pas traité de la signification religieuse du Phénix. De son côté, Goulart (*Commentaires... pour La Semaine*, éd. citée, p. 253 verso) précise: «Quant à l'enseignement Chrestien que le poete en tire de nostre mortification et regeneration, et de ce qui depend du Phenix, lisez le commencement du 10. livre des hieroglifiques de *Pierus Valerianus*».

[21] La distinction au sein de l'*opus creationis* entre *opus distinctionis* (œuvres des trois premiers jours) et *opus ornatus* (peuplement des zones créées lors des trois premiers jours) est traditionnelle. Saint Thomas d'Aquin l'utilise, en particulier, dans la partie de la *Somme Théologique* où il propose une analyse des six jours de la *Genèse* (1ª, q. 65-75).

scientifiques, de l'histoire des sciences et des découvertes. Dans «ce tableau aussi divers que la nature mesme», l'«ingenieux escrivain» qu'il s'efforce d'être revendique le dessein de «marier le plaisir au profit»[22], d'unir message scientifique et qualité esthétique.

La beauté à laquelle il tente de parvenir ne résulte pas de l'encyclopédisme même si son utilisation sert le dessein général et premier de glorification de l'Ouvrier. On remarque d'ailleurs que le motif de la main (ou des mains) de Dieu est particulièrement fréquent. Le pouvoir divin est donc bien celui d'un artisan — un potier — façonnant un objet. S'il est dans la nature de Dieu de provoquer l'acte créatif parfait, il n'est pas dans celle du poète de traduire immédiatement avec justesse les inouïes merveilles des origines. De là, le côté bricolage de *La Sepmaine*; de là cette beauté contrastée d'une œuvre où pullulent, pêle-mêle, naïvetés, faiblesses et séquences superbes; de là l'impression que dans ce «jardin exotique à cascades verbales»[23] il y a, de toute évidence, un mélange hétéroclite et une étonnante variété, lesquels, en dernière analyse, témoignent de l'une des exigences majeures de l'*opus ornatus* à savoir présenter un inventaire de tout ce qui a été engendré. La beauté dans *La Sepmaine* résiderait dans une "poétique de l'inventaire" dont la finalité serait de sceller la réconciliation de l'Un et du multiple. Pour en rendre compte Du Bartas emploie une lecture traditionnelle, pratiquée par l'exégèse antique

---

[22] *La Sepmaine*, éd. citée, p. 347. On pourrait, parmi d'autres preuves, revenir aux vers touchant l'aimant et la boussole qui recoupent toute une tradition littéraire allant de B. Latini (*Li Livres dou Tresor*, I, III, CXIX) au Père Mersenne (*Les Questions theologiques, physiques, morales, et mathematiques*, Paris, H. Guenon, 1634, q. XXVII, p. 123-127).

[23] C.-G. Dubois: *Le Maniérisme*, Paris, PUF, 1978, p. 188.

et médiévale, celle de l'anthropomorphisme du récit biblique[24]. Ainsi qu'il décrive l'organisation des cieux, s'attarde à la description du mécanisme des intempéries ou mentionne les propriétés des minéraux, plantes ou animaux, tel un encyclopédiste du Moyen Age, il accorde une place prépondérante à la situation de l'homme (tout s'organise autour de lui) et privilégie le point de vue du Créateur (tout est orienté par Lui et en marche vers Lui).

On mesure en "écoutant" *La Sepmaine* dont maints passages sont à lire à haute voix[25], l'ampleur de la dette de Du Bartas envers la tradition hexamérale mais aussi envers l'esthétique thomiste. Ce poème prolixe est une œuvre ambitieuse où devraient triompher les critères de *claritas*, *integritas*, *proportio*, ne serait-ce que dans le déploiement d'un poème-bibliothèque magnifiant en chacun de ses vers «grave et plein de majesté»[26] la puissance céleste. Dès lors, le poète comme «l'homme de bien, tendu vers la recherche et riche en savoir, découvre au milieu de ses investigations la très haute vérité que voici: tout est grâce de Dieu, terre, eau, air, feu, soleil, astres, ciel, animaux et plantes dans leur ensemble»[27]. C'est pour cela que Du Bartas tout en insistant systématiquement sur le pouvoir du Créateur cherche parallèlement à renouer avec la parole-commentaire de l'exégèse, celle de la tradition hexamérale qu'elle soit antique (Basile, Ambroise, Augustin), médiévale (Pierre Lombard, Thomas

---

[24] Parcourir les livres de Hans Urs von Balthasar et la classique étude de Henri de Lubac: *Exégèse médiévale. Les quatre sens de l'écriture*, Paris, Aubier, 1959-1964, 4 vol.

[25] *La Sepmaine* n'est ni un sermon ni une homélie, mais possède néanmoins une "qualité orale" assez exceptionnelle.

[26] *La Sepmaine*, éd. citée, p. 350.

[27] Affirmation de Philon d'Alexandrie: «*Quod Deus sit immutabilis*», 107.

d'Aquin, Tolomeo Barthélémy, Gilles de Rome) et plus tard renaissante (Pisidès).

Si la théologie repose sur le dogme (théologie révélée) et sur la raison (théologie naturelle), force est de constater que dans *La Sepmaine* domine, et ce très largement, la théologie naturelle expression et compte rendu des beautés de l'univers. Dans cette perspective, l'expérience de la beauté consistera moins à se détourner des acquis du passé qu'à les connaître, les retrouver en ce monde, les intégrer et les dépasser au sein d'un cadre culturel théologique — l'hexaméron — permettant leur exaltation. Tout procèderait donc au départ d'une réflexion portant à la fois sur le modèle que constitue le récit sacré de la *Genèse* et sur le genre de l'homélie digne de «conter les merveilles accomplies par l'artisan divin»[28].

*

Cicéron dans un passage de son traité *De l'orateur* (III, 178-182) établit un parallèle séduisant entre discours et nature, l'organisation du système planétaire correspondant à celle de la phrase. Le développement de cette analogie et son application éventuelle à *La Sepmaine*, pour être justifié, implique au préalable la reconnaissance du pouvoir supérieur de l'«Architecte divin, Ouvrier plus qu'admirable» (VI, 477). La conclusion de l'*Advertissement* est exemplaire de cette orientation puisque, par la rhétorique du discours théologique, Du Bartas «contribue ce peu que Dieu [lui a] donné, à la structure de son saint tabernacle»[29].

---

[28] Basile de Césarée: *op. cit.*, p. 495, IX, 83 C.

[29] *La Sepmaine*, éd. citée, p. 354.

L'expérience de la beauté, — *ourson, dauphin* et *phénix* l'attestent — , a pour conséquence de signifier combien la création est exceptionnelle, elle qui renferme une litanie des *mirabilia* et dévoile une «procession des créatures»[30]. Du Bartas, s'il n'est pas un «poète théologien», a le mérite d'encourager tout lecteur à le devenir, de montrer que les sciences profanes, Hugues de Saint-Victor l'avait souligné dans son *Didascalion*, sont inséparables de l'interrogation sur la sagesse. L'esthétique de *La Sepmaine* avec ses essais incessants, ses dénivellations et ses dérapages, en un mot son bricolage, ne saurait faire oublier qu'après avoir reconnu Dieu dans l'univers et sa beauté sensible, le poète suit les voies-voix de la poésie chrétienne que sont la célébration et la prière. Du Bartas aurait pu souscrire au commentaire de saint Augustin[31] à propos du dimètre ïambique «*Deus creator omnium*», cher à saint Ambroise, impliquant que cette formulation la plus simple et la plus parfaite du Créateur est aussi la plus riche de sens et la plus belle. C'est dans le retour de la pensée à l'expérience — même s'il s'agit de l'expérience esthétique et non de l'expérience spirituelle — qu'est démasqué le malentendu qui nous ferait voir entre les deux un rapport de simple juxtaposition. Pensée et expérience créent une sorte d'identité et de compénétration pour celui qui, tel Du Bartas, prend de la *Genèse* l'esprit, de la création le sens, de soi l'émerveillement face à la nature. *La Sepmaine* ne restitue ni une illumination de la grâce ni une «contemplation des réalités» gnostiques. Ce poème, à la différence des sermons et homélies consacrés à la *Genèse*, se détourne finalement

---

[30] Saint Thomas d'Aquin: *Somme Théologique*, 1ª.
[31] Saint Augustin: *De Musica*, VI, 9, 23 et 17, 57.

des mystères qui sont dans l'Ecriture[32], se refuse à abandonner les images de ce monde. Le passage du sensible au spirituel pour Du Bartas s'accomplit dans la contemplation de la nature et, à un degré moindre, dans la traduction poétique qu'il convient d'en donner. Le monde, «école où s'instruisent les âmes»[33], est donc ce lieu où la présence des beautés créées conduit obligatoirement à la prière c'est-à-dire à une forme originelle de la poésie.

James DAUPHINÉ

---

[32] Origène: *op. cit.*, "Rebecca", X, 2, 20, p. 260: «*Mysteria sunt cuncta quae scripta sunt*».

[33] Basile de Césarée: *op. cit.*, p. 110, 6 E.

DISPOSITION GENERALE DE L'OEVVRE

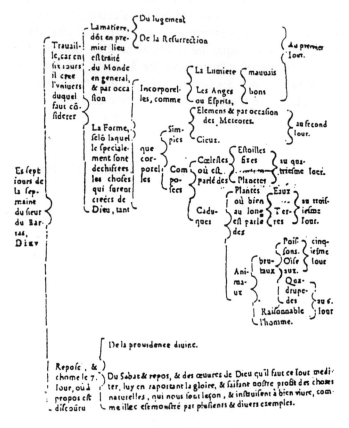

Nous auons en ce Type mis les elemens sur les Cieux, pour le moins que faire se peut, deroger du sentier & ordre de l'Autheur, qui suyt Moyse au 1. cha. de Genese: aussi nous a forcé l'ordre Physique, & necessité de distribuer & partir, de preferer le 4. iour au tiers.

La Sepmaine (...) illustree des commentaires de P. Thevenin,
Paris, H. de Marnef et la veufve de G. Cavellat, 1585

BIBLIOGRAPHIE MINIMALE

A) Textes :

- *La Sepmaine*, éd. Y. Bellenger, Paris, STFM, 1992.
- *La Seconde Semaine*, éd. Y. Bellenger et *alii*, Paris, STFM, 2 tomes, 1991-1992.

B) Etudes

* Sur la poésie scientifique:

- Luzius Keller : *Palingène, Ronsard, Du Bartas (...)*, Lausanne, F. Berne, 1974.
- Marcel Raymond : *L'Influence de Ronsard sur la poésie française (1550-1585)*, Paris, H. Champion, 1927.
- François Roudaut : *Le Point centrique. Contribution à l'étude de G. Le Fèvre de La Boderie*, Paris, Klincksieck, 1992.

- Abel-Marie Schmidt : *La Poésie scientifique en France au XVIᵉ siècle*, Paris, A. Michel, 1938.
- Thibaut de Maisières : *Les Poèmes inspirés du début de la Genèse à l'époque de la Renaissance*, Louvain, Uystpruyst, 1931.
- Dudley Wilson : *French Renaissance Scientific Poetry*, Londres, Athlone Press, 1974.

* Sur Du Bartas :

- Yvonne Bellenger : Introduction à *La Sepmaine*, éd. citée, pp. XI-LXXXI et livre consacré à Du Bartas, à paraître chez Sedes, octobre 1993.
- Bruno Braunrot : *L'Imagination poétique chez Du Bartas*, Chapell Hill, North Carolina Press, 1973.
- James Dauphiné : *Du Bartas poète scientifique*, Paris, Les Belles Lettres, 1983.
- James Dauphiné et Marie-Luce Demonet: *La Bibliothèque de Du Bartas*, Paris, Champion, janvier 1994.
- Jan Miernowski : *Dialectique et connaissance dans La Sepmaine de Du Bartas*, Genève, Droz, 1992.
- Georges Pelissier : *La Vie et les œuvres de Du Bartas*, Paris, Hachette, 1883. — Genève, Slatkine Reprints, 1969.
- et les *Actes* des colloques publiés par J. Dauphiné: *Du Bartas poète encyclopédique*, Lyon, La Manufacture, 1988 et *Du Bartas 1590-1990*, Mont-de-Marsan, Editions InterUniversitaires, J. Sanchez, 1992.

C) LECTURES CONSEILLÉES :

* Œuvres

- Ambroise de Milan : *Hexaemeron.*
- Augustin : *De la Genèse au sens littéral.*
- Basile de Césarée : *Homélies sur l'Hexaemeron.*
- D'Aubigné : *La Création.*
- Ronsard : *Les Hymnes.*
- Scève : *Microcosme.*
- Thomas d'Aquin : *Somme Théologique* (1ᵃ, q. 65-75).
- Tyard : *Mantice.*

* Critiques

- Jean Céard : *La nature et les prodiges. L'insolite au XVIème siècle*, Genève, Droz, 1977.
- Jean Delumeau : *Naissance et affirmation de la Réforme*, Paris, P.U.F., 1973.
- Pierre Duhem : *Le Système du monde. Histoire des doctrines cosmologiques de Platon à Copernic*, Paris, Hermann, 1959, tomes IX et X.
- Northon Frye : *Le grande code. La Bible et la littérature*, Paris, Seuil, 1985.
- Ludovico Geymonat : *Storia del pensiero filosofico e scientifico*, Milan, Garzanti, 1970, vol. 2.
- Richard Stauffer : *Dieu, la création et la Providence dans la prédication de Calvin*, Berne, P. Lang, 1979.
- Lynn Thorndike : *History of Magic and Experimental Science*, New York - Londres, Columbia Univ. Press, 1941, vol. 5 et 6.

TABLE DES MATIÈRES

Achevé d'imprimer en 1993,
sur les presses de l'Imprimerie Slatkine,
à Genève-Suisse